U0369800

# 对《假性亲密》的特别推荐

《假性亲密》跨越了自助的边界，进入了一个作者称之为"自我—他人互助"的新领域。DREAM序列旨在让伴侣合作，并帮助他们以当初让彼此吸引的美妙的化学反应和情感联系再次联结起来，从而让他们走出假性亲密关系"。

戴安娜·基尔施纳博士(Diana Kirschner, PhD)，
畅销书《90天恋情》的作者

一本文字优美、内容丰富又有趣的书，让我们在自己与他人的爱和不那么爱的关系中更了解自己。这本书适合那些敢于通过探视自己的内心而了解自己的人阅读。

汤姆·古洛塔(Tom Gullotta)，
《家庭对儿童行为和发展的影响》的编辑，兼儿童和家庭机构首席执行官

这是一本写给那些对自己在亲密关系方面不甚满意的个人和伴侣的书，博格(Borg)、布伦纳(Brenner)和贝里(Berry)在把精神分析理论和神经生物学的前沿研究结合起来方面做了出色的工作，完全使用非术语、可以理解的语言。作者确定了导致亲密关系产生"禁锢"感的因素，使用临床情况来说明困难所在，并展示了解决问题的方法。

对临床医生和外行人都有帮助。

苏珊·科洛德博士(Susan Kolod，PhD)，
威廉·艾伦森·怀特研究所培训与督导分析师，
为《今日心理学》杂志编辑“当代行为心理分析”专栏

假性亲密是对情侣、夫妻或父母间亲密关系失调这个旧概念的新标签。通过大量的案例研究，作者从精神分析的角度描述了功能失调的各种形式，这些形式来自于童年时无意识形成的功能失调模式被带进成人时代。

恢复亲密关系的途径是以方便用户使用、自助的方式表述的，使得关系中的每一个人能够通过相互的经历来做出改变，发展更健康的思考和行为方式，允许爱能够以所有美好、重要、不可预测甚至是消极的形式表达出来，这将成为伴侣双方继续成长与合作的途径。

马丁·布鲁姆博士(Martin Bloom，PhD)，
荣誉教授，康涅狄格大学，《初级预防与健康促进百科全书》的编辑

《假性亲密》是一本关注和维护成人亲密关系的宝贵的用户指南。它揭示了我们经常选择忽视的挑战——采取限制自己的角色，重复我们早期经历形成的破坏性模式——并就如何开展必要的工作以建立更牢固、更幸福的伙伴关系提出了富有洞察力和具体的建议。

卡罗琳·帕克赫斯特(Carolyn Parkhurst)，
《巴别塔的狗》和《无名氏相簿》的作者

# 假性亲密

RELATIONSHIP

## 貌合神离的关系，何以得救？

[美] 小马克 · B · 博格
格兰特 · H · 布伦纳
丹尼尔 · 贝里◎著
张　磊◎译
赵　蓉◎审校

华东师范大学出版社

IRRELATIONSHIP：HOW WE USE DYSFUNCTIONAL RELATIONSHIPS TO HIDE FROM INTIMACY
by MARK B. BORG；GRANT H. BRENNER；DANIEL BERRY

This edition arranged with CENTRAL RECOVERY PRESS through Big Apple Agency，Inc.，Labuan，Malaysia.


上海市版权局著作权合同登记　图字:09－2018－299号

致每天陪我散步的爱人

——Haruna、Kata 和 Uta Mark

小马克·博格(Mark)

致 Marina、Quinn 和 Reyd，

你们让我保持警觉。

格兰特·布伦纳(Grant)

献给我心中的国王

——你知道你是谁。

丹尼尔·贝里(Danny)

# 目录

**第三部分：后台**



**第四部分：揭开关系恢复的序幕**



**第五部分：加演节目**

# 致谢

首先要感谢我们的经纪人加雷斯·埃瑟斯基(Gareth Esersky)。她看到了这本书的内容——几乎是在我们之前——并且引导我们经历了异常复杂的过程,将我们相对简单和直接的项目印刷出来并向公众展示。她从未动摇,一直支持并坚信这部作品的价值。

除了加雷斯,我们还要感谢伊琳·塞加洛夫(Ilene Segalove)。伊琳·塞加洛夫是一位著名的艺术家和作家,她毫不掩饰对我们的项目很感兴趣。从她第一次阅读,她就知道如何塑造文本,使其可用并具有可读性。在我们不一定能感受到温暖和鼓励的时候,她慷慨又温暖地鼓舞着我们。伊琳·塞加洛夫还使我们对这本书的革命性的"自我—他人互助"模式的微妙之处有了更深入的了解,这将手稿推向了一个我们没有预料到的方向,并使它有了很大的改进。

与中央康复出版社合作愉快,不仅是因为那些指导、教育和辅导我们的人的崇高精神——瓦莱丽·基林(Valerie Killeen)、珍妮特·奥滕韦勒(Janet Ottenweller)和南希·申克(Nancy Schenck)——而且也是为了共同的价值观,使这一项目在观点和理想无需妥协的情况下得以实现,这一点至关重要。

夏娃·戈尔登(Eve Golden)作为临床医生、作家和编辑提出的专家意见,对我们揭示假性亲密关系的精神分析基础至关重要。她与马克·博格(Mark Borg)的关系源远流长,在此期间,她不仅慷慨地贡献了自己的才能,而且她通过先前的项目提供了富有洞察力的、充满深情的指导,最终达成了这一项目。

苏·科洛德(Sue Kolod)在"今日心理学"上的博客,"当代精神分析进行时",确保了假性亲密关系首次在网络空间里为人所知,《今日心理学》的编辑卡哈·佩林那(Kaja Perina)和杰西卡·穆尼(Jessica Mooney)给我们提供了自己的博客空间来展示《假性亲密》，给了我们一个急需的机会在这个领域测试我们的想法。我们的朋友和导师哈拉·埃斯特洛夫·马拉诺(Hara Estroff Marano)，《今日心理学》的特约编辑，不断地支持和鼓舞着我们！我们不胜感激。

## 以下致谢来自马克·博格

我对爱和感激的最初记忆来自于我的祖母夏洛特·罗兰(Charlotte Rolland)，正是她支撑着我度过了生命中最困难的时期。如果没有她无条件的爱，一些非常困难时期的结果将与实际情况截然不同。我每天都充满爱和感激地想着她。

有时候，我没有让我的母亲和继父轻松点，夏洛特和乔恩·雷萨内克(Jon Rysanek)还是对我的一生充满爱和支持。我的父亲马克和他慷慨的妻子邦妮(Bonnie)，还有我的姻亲奥萨穆(Osamu)和宫本洋子(Yoko Miyamoto)，随时都准备并愿意给予我、我美丽的妻子和女儿支持和爱。

非常感谢埃里克(Erik)和桑迪·博格(Sandy Borg)——他们在关键时刻帮助我找到了继续跋涉的道路。

我还要把爱献给早期的灵魂伴侣——那就是你，吉姆德洛泽(Jim DeLozier)和你那了不起的父母特里(Terry)和琼(Joan)。

对那些每天生活在我身边给与我专业支持的人，我深表感谢。乔尔格·博斯(Joerg Bose)、麦琪·德克(Maggie Decker)、罗杰·米尔斯(Roger Mills)、约瑟夫·索罗米塔(Joseph Solomita)、桑德拉·布勒(Sandra Buechler)和布赖恩·斯威尼(Brian Sweeney)。

无尽的感激和爱还要献给那些继续在精神上支持我的人：克里斯·博格(Chris Borg)、迈克·达拉(Mike Dalla)、约翰·图里(John Turi)、克里斯蒂·马修斯(Kristy Matthews)、比尔·祖克尔(Bill Zunkel)、克里斯·默茨(Chris Mertz)、珍妮·亨利(Jeanne Henry)、拜伦·阿贝尔(Byron Abel)、格雷格·克格斯(Greg Hex)、杰森·卡亚(Jason Kaja)、蒂姆·巴恩斯(Tim Barnes)、大卫·科普斯坦(David Kopstein)、海豹海滩冲浪队(穿着“狗鞋”)、第12街和隆达·汉普顿(Ronda Hampton)。没有你们,我就不会成功!

一切尽在不言中,但我还是要说,我最应该感谢的是我的伙伴、朋友兼合著者格兰特和丹尼尔,没有他们,这个项目就永远不可能成形。

# 前言

这本书的基本前提——许多寻找爱情的人，或者那些认为自己已经找到爱情的人，无意中产生了一种功能失调的关系，与真正的亲密关系失之交臂——反映了这样一个事实：婚姻和家庭治疗师日复一日地在他们的治疗室里看到这一点，许多老百姓硬挺着把令人失望的日子一天天过下去。然而，很少有人能如此简单明了地阐明这一现象，或如此生动地加以说明——假性亲密关系。所以这本书好似一缕必要的清新空气，促使每个人更加理解人们是如此渴望爱情，甚至为之做出牺牲，但仍然感到远离伴侣，并深深地感到不满足。

人们会构建“假性亲密关系”，因为真正的亲密是一件难事。只有成年人，绝非懦夫，可以做到。一旦获得亲密感，就会让人感觉如释重负，但获得亲密感的过程会引发焦虑。要获得亲密感，对其敞开心扉，需要勇气。我们必须能够放弃我们的防御，防御常常根深蒂固，还要赤裸裸地站在我们自己面前，暴露出原始的恐惧，害怕我们是有缺陷的和不讨人喜欢的。我们常常会用强大的心理防御对付小小的疑虑。然而，没有比和另一个人产生深深的联结更好的灵丹妙药了。

究竟谁会经历假性亲密关系？没有办法通过外部标记来判断。正如作者所解释的那样，这在很大程度上取决于我们每个人年幼时被爱的方式；我们在知道自己正在吸收“规则”之前就已经推断或明确地学习了这些“规则”，更不用说它们将如何塑造我们的生活，以及我们对不适的容忍。伴侣可能陷入相互欺骗的模式中好多年，过着所谓的假联结的生活。虽然我们早期的理解和适应可能在我们被养育的情境下很好地帮助我们，但它们可以阻止我们作为成年人在新的环境下得到我们最想要的东西。心理学的一个原理是，我们前进道路上最大的障碍往往是……我们自己。

这本书的作者汇集了来自心理学和精神病学许多领域的大量信息，以及多年的实践经验，以帮助人们理解他们如何进入到假性亲密关系的境地，这种关系如何发生在他们自己的生活中，以及如何能够摆脱假性亲密关系并创建一种真正的亲密关系。读者们，你们能得到很好的帮助。

哈拉·埃斯特洛夫·马拉诺<br>《今日心理学》特约编辑

# 导论　所有错误的原因

人类的爱有不同的原因，其中一些比其他运作得更好。我们对爱和爱是什么都有自己的想法，但是这些想法从何而来？选择伴侣时，它们是如何引导或误导我们？如果我们问自己我们在伴侣身上寻找什么，我们可能会回答说，我们在寻找激情、同理心、新奇感和安全感。这听起来明智且成熟，甚至可能是真的。但随着时间的推移，我们中的许多人内化了从童年时期学到的爱的概念，它隐藏于我们的内心深处，那实际上不利于寻找和培养令人满意的关系。就像生活在美丽老家的白蚁一样，这些想法可能已经彻底渗透到我们的爱的方式中，以至于在不知不觉中，它们破坏了我们对亲密的渴望和接受亲密的能力。这会导致我们在亲密关系中反复地感到失望、挫败，并且奇怪地疏远那些我们认为与我们最亲近的人。尽管我们有意识地决心“这一次将有所不同”，但我们最终再次因为所有错误的原因而终结了爱。

具有讽刺意味的是，亲密关系，与其说是脆弱、自发性和自由的论坛，倒不如说可以用作一种心理防御。用来描述这种欺骗性陷阱的术语是“假性亲密关系”。假性亲密关系潜意识地创造了虚假的关系，以防止他人太亲近，保护我们不受感情混乱的影响，以及亲密关系的回报，这些都是真正亲密关系的一部分。在假性亲密关系中，给予和接受被认为是威胁，并且与他人的联结是不令人满意的。期望和要求永远不会得到满足，因为双方都不够坦诚去接受或揭示自己的真实需要或愿望。在这种令人窒息的环境中，健康和爱的相互关系无法发展。

在多年的临床实践中，作者多次遇到过这类患者，要么在成长过程中受到严格控制，要么从幼年开始因焦虑和恐惧而产生表面亲密的关系。这种焦虑产生于儿童早期的环境，在这种环境中，照料者——通常是父母——没有充分满足儿童的基本安全需要，而照顾者自己也受到长期的消极情绪状态的折磨。这些消极的情绪状态导致忽视儿童的需要，促使儿童无意识地试图稳定照料环境，通常是设法使照料者感觉良好，从而使自己感到更安全。因此，假性亲密关系是适应不良的关系。这不是疾病、综合征或病理性的，而是儿童和父母共同构建的一种动力，以规避与亲密相关联的脆弱性。

这本书提到的恢复亲密关系的工具，阐明了假性亲密关系的起源和模式，并提供了解除假性亲密关系影响力的技巧，将个人的孤立状态转化为形成真正的、开放的亲密关系的能力。此外，这本书还让人深刻认识到大脑中与假性亲密关系模式相关的生理机制，以及如何改变这些模式，为相关的健康模式创造空间和基础。

## 假性亲密关系的产生

我们与世界的第一次接触(即与父母或照顾者的接触)，以及带有遗传和表观遗传因素[1] 的先天体质，形成了我们早期对亲密关系的预期。儿童早期的生存机制和创伤最终决定了我们以后如何处理每一种关系。这些互动实际上深深地根植在我们的大脑处理与他人联结的信息的过程中。扫描儿童大脑中与依恋有关的差异进行成像，可能会发现，由于亲子关系的动力不同，活动模式也会不同。一个母亲需要持续关注的孩子比一个母亲愿意做局外人，更有可能对爱有不同的理解。一个孩子的每一个冲动和心血来潮的想法都能得到满足，他一定比靠自己学会满足和关心自己的孩子对爱有不同的理解方式。一些父母想控制他们的孩子所做的一切，而另一些父母则把他们的孩子扔在一边，以至于他们不得不在还不相称的小小年纪做出某种决定。不管是什么情况，孩子们总是会对他们父母的交往模式作出反应。在这种适应过程中，他们很少或根本没有有意识的选择，因为他们完全依赖父母来生存。他们只是做他们需要做的事情以感觉到安全。

我们很快就会了解到父母的关系规则；它们是我们生活环境的一部分，除非这些规则唤起了我们注意，否则我们很少会意识到它们。一些规则——比如不要有任何要求，或者要一直感恩——可能会让我们感到孤立或空虚，但我们遵循这些规则是为了情感上的安全感，并确保基本需求得到满足。不知不觉地，我们把自己塑造为父母分配给我们的角色，并在未来的成人关系中继续扮演这些角色。我们把这些模式称为我们的歌舞套路。在童年时期，我们默默地同意遵守我们父母的规则来照顾他们，这样他们就会照顾我们。如果父母感到沮丧、焦虑或不开心，我们会尽我们所能使他或她感觉更好。这种纠缠不清的照顾模式（即，假性亲密关系）悄然成为我们如何与他人产生关系的决定性动力，最终阻止了真正的联结和亲密。

## 依恋理论的大作用

高功能的人可能会对自己和其他人都表现出情绪稳定和安全，然而在现实中，假性亲密关系的影响会封闭他们的情感，他们所做的一切就是不断努力去掩饰一种不安全型的依恋模式，这是精神分析师和研究人员使用的一个术语，用来描述人们在亲密环境中如何相处的分类模式。依恋理论将成人关系与幼年时和最初的照顾者在一起的成长经历联系起来，描述各种不同的依恋类型。[2] 受假性亲密关系影响的人所造成的表面现象往往被证明是一个过度补偿，意在转移他们自己和别人对他们的注意的焦虑，这种焦虑源于父母对他们照顾不周，一生折磨着他们。正如人们所预料的那样，由假性亲密关系造成的表面现象通常会被暴露出来，并导致具体的问题，需要更有效地应对潜在焦虑。

根据依恋理论，我们学会与外界联系的方式，是建立在我们小时候与最亲近的照顾者——通常是我们的父母——如何接触的基础上。我们把与父母相处的方式带入自己未来的关系中，所以我们与人相处的方式成为我们的照顾者与我们的关系的产物，即，他们自己的依恋模式，这种依恋模式是在他们幼年时与他们的照顾者的联系中产生的。在成人关系中对亲密的需求越大，我们的依恋模式所起的作用就越重要，这取决于我们的早期依恋与成人情境的共鸣程度。

依恋模式通常被分为安全型或不安全型（例如，回避型或焦虑型），取决于儿童和照料者之间照顾的质量；孩子出生的先天因素；儿童与照料者的依恋模式的契合。[3] 具有安全依恋模式的人在生命早期就有了内在的基础，使得他们能够在情感受挫时，甚至在严重的生活危机中保持基本平衡的心态。他们能够让自己感受到情绪和沮丧，但不会受到很大的困扰，并相对较快地恢复平静。

相反，具有不安全依恋模式的人常常觉得生活中正常的起起落落如此令人焦虑，以至于他们只能通过不理睬或回避这些情况才能应对。不安全的依恋模式分为几个亚型，包括回避型，他们避免或忽略关系；矛盾型，他们喜欢亲密，但又害怕被抛弃，对关系感到焦虑，以及那些具有混乱型依恋模式的人。

我们可以很容易看到依恋是如何快速滚雪球的。例如，如果一个处理亲密关系用回避方式的人，和一个焦虑、先占的人卷入一段关系，采取回避方式的人会从对方的示好中退却，从而引起焦虑的人对这种关系的担忧。这使得回避者更加退缩，这就形成了一个恶性循环，一直会持续到出现戏剧性的问题解决办法——通常是不愉快的。相似地，如果两个回避者相遇，最终会发展到关系淡漠，造成长期的不满，在很长时间内都不能改善。在这种情况下，失望和怨恨会变成长期的剥夺和压抑的蔑视。如果沟通不能改善关系，那么伤心和悲痛之情只会深深地交织在一起。

因为一个人不一定能在情绪波动范围内挑选某些情绪并与之保持距离，所以阻挡痛苦的情绪常常导致不能容忍任何类型的（积极的或消极的）自发的情感体验。这包括了与人产生共鸣，活得富有同情心，以及坠入爱河的能力。

我们与早期照顾者的经验是最后的结论吗？生活在假性亲密关系中的人就命中注定要过一种与他人保持安全距离的生活，从不分享亲密的关系吗？

这不是依恋理论和作者的临床实践想要表明的。如果我们愿意正视我们的历史，并消除我们对他人和对自己的困惑，获得安全依恋是完全可以实现的，这让我们学会更深入地思考我们的情绪和他人的感受和需求，一开始，一次要应对那么多的情绪变化很困难，会变成引发焦虑的威慑力，使假性亲密关系看起来更像是诱人的选择。但是那些不断选择去解决感情上困难的人确实取得了进展，这让他们在多个层面上都感到满意。

## 我们的歌舞套路

为什么识别假性亲密关系如此困难，更不用说修复了？为什么我们不能变得更仁慈，更慷慨，或更宽容来消除痛苦？答案是假性亲密关系是对童年模式，我们的原生歌舞套路的强化，在这样的套路中，我们天真地试图通过以下方式来化解感知到的危机：做乖孩子让我们的照顾者感觉好些——我们表达感激，变得有趣或努力让别人开心，表现出我们是多么的聪明，乐于助人，或者干脆从照顾者的视线中消失——简而言之，无论采取什么行动，我们都要尽我们所能解除危机，让照顾者感觉好些，让我们自己感觉更安全。而且这看起来似乎起了作用；产生了更大的安全感，或者至少减少了焦虑，让我们感觉更安全。

给照顾者讲笑话可能会让事情轻松一些。但这并不完全是实情：孩子的表演行为释放了大脑中的化学物质，让孩子深深感受到了安全和保障。习惯性的重复之后，歌舞套路便成了孩子与他人相处的招牌模式，在行为方面和生物大脑活动的层面上都是如此，这种模式会带入成年期。任何对该模式的挑战都会引起孩子的警觉，因为改变可能会降低孩子努力营造出的安全感，让他或她又回到过去试图逃避的恐惧和焦虑中。

## 脑科学的大作用

我们交往的方式不仅仅是思考的习惯，和我们最初照顾者的相处经验实际上变成了大脑活动，其塑造了大脑的物理结构，相互交织的网状活动模式在我们身体的生理功能和行为中显现出来。一个孩子会意识到以某种特别的方式行为会使其感觉更好。这种“感觉更好”的行为背后的物质现实让孩子学会了给大脑中化学反应的再现模式部署启动装置，事实上，这就是感觉良好的生理基础。当消极的后果给孩子留下的印象是违反规则的代价时，孩子就会感觉很糟糕，从而故意塑造与父母期望一致的行为。为了满足对安全感不断的需要，孩子将在几乎所有的关系中扮演这些角色，所以这种特定方式的行为会使人上瘾。一个人可能一生都不知道他或她在这些行为方式上是如何投入的。

当然，不满意的成人关系是认识某些事情是不正确的关键。确定自己处于假性亲密关系才能让自己走出这种关系。在可能形成的亲密关系中，两个长期焦虑，并且为了安全感而寻求互补的人将结合在一起形成假性亲密关系，并创造出一套相互呼应的歌舞套路。他们的套路就成了一种应对他们不安全感的方法，同时取代了亲密关系。歌舞套路是双方都默许保持以防止发生不幸的一种策略。

## 主要角色：表演者和观众

在歌舞套路中有两个主要角色，他们似乎承诺了联结，但实际上形成了一种虚假的伙伴关系或亲密感。一个是表演者，公开的，明显的照顾者。这个人试图帮助别人，但他的动机往往是出于潜意识的原因需要矫正某人。另一个是观众，他通过需要被照顾来巧妙地照顾表演者，表现渴望被治愈或被拯救，但最终却根本不希望被矫正。这种奇怪的伙伴关系的结果是相互欺骗。这种所谓的联结是一种相互欺骗的形式，实际上消除了真正的沟通或人际关系的可能性。结果通常是表演者和观众都感到被孤立、被贬低、被误解并且都非常愤怒。

下面这个故事只是无数个假性亲密关系陷阱故事中的一个。备注：约翰(John)是表演者，格蕾塔(Greta)是观众。

### 约翰和格蕾塔假性亲密关系的故事

格蕾塔出奇小心地告诉她的丈夫约翰，他为使他们的生活愉快所付出的努力是多么值得称赞。她会对约翰和他们的朋友骄傲地大谈特谈约翰在计划出行时的惊人创造力。她会滔滔不绝地讲他是如何仔细地整理客人名单，确认预订，并确保没有遗漏任何细节。然而，格蕾塔犯了一个错误，主动提出要帮助约翰计划他们的下一个假期。约翰立刻勃然大怒，接着陷入伤害和失望之中。他甚至指责格蕾塔不再欣赏和爱他了。在一瞬间,约翰显露了格蕾塔从未见过的另一面。

格蕾塔立刻歉疚地收回了她的建议,让约翰放心,她是多么感激他所做的一切。格蕾塔已经尝到了如果她不坚持他们严格的歌舞套路脚本会有什么后果。虽然约翰的勃然大怒使格蕾塔感到害怕和不快,但她很快又不自觉并小心翼翼地退回到观众的状态,向表演者约翰保证一切都没有改变。她希望所有的焦虑都会消失,一切都会照常运行。

当感觉到危险时,表演者会变得如此沮丧、焦虑或愤怒,以至于观众害怕其不可应对,这促使观众回到久经考验的歌舞套路中,希望能让表演者回到其信赖的假性亲密关系的脚本中。格蕾塔试图转换角色的短暂尝试激起了约翰如此激烈的反应,她迅速退避到她的观众角色来恢复平静。然而,这种经历使她感到不安、孤立和沮丧。尽管如此,她还是尽了一切必要的努力,使约翰能再次感到安全。使得格蕾塔和约翰彼此感到安全的大脑化学反应虽然短暂地受到了干扰,但最终还是恢复了。

约翰的反应和格蕾塔之后感到的不安,揭示了把他们结合在一起的安全感是多么的脆弱且代价高昂。这种短暂的干扰也说明了一段关系的脆弱性,这种关系只是对爱的模仿,无法适应即兴发挥或变化。愿意接受这类飘忽不定的协议,反映了约翰和格蕾塔在童年时期为了应对生活环境中的不确定性,与他们的父母达成了微妙的交易。这种模式的悲剧性结果是我们接受一种虚假的爱——一种不连贯、没有互惠、也容不下同理心和慈悲的爱。同样令人不安的是,我们了解了被人照顾是不稳定且靠不住的,甚至预料到我们所谓的爱的关系会带来一系列的危机。

被迫寻求这种微妙关系的人在找到与他们互补的伙伴方面具有不可思议的能力。一旦前景明确,他们评估了彼此对认真定义但不变的假性亲密关系角色的投入后,充满希望的对话就会随之展开。具有讽刺意味的是,如果每个人都开始感觉到对方是可以依赖的,那么他们就会兴奋起来,避免犯下寻求互惠性、自发性、亲密性和情感投资的大错。

所以,当我们成年后寻找浪漫的关系时,我们童年的生存套路会引起严重的麻烦。正如格蕾塔在与约翰的交易中所了解到的那样，一方被期待接受另一方给予的东西：一方是领导者，另一方则接受追随者的角色。一个表演，另一个必须鼓掌。一个去拯救，另一个是允许她自己被拯救。[4] 相互亲密的爱在这些条件下是无法产生的。

但是，如果任何一方开始感觉到对事物的不同需求，会发生什么呢？如果一个人开始渴望亲密和互惠呢？不幸的是，由假性亲密关系定义的精心构建的角色不允许灵活的反应。在个人（或伴侣）能够理解他或她的感情选择是如何被童年经历所塑造的之前，他或她将继续卡在一种不支持任何信任或真爱的模式中。

## 出路

我们中的大多数人都渴望真正的、令人满意的关系，没有无端的吵闹和痛苦。但是，建立这样的关系需要的不仅仅是愿望；我们需要一张规划图来帮助我们了解其中的过程、体验和技巧，让我们摆脱以往的做事方式，指引我们恢复关系，彻底改变。这本书描述了清晰而有保证的检查、诊断和为恢复关系开的处方，称为 DREAM 序列。DREAM 序列的使用者会发现，问题不是一次又一次地选择错误的人，而是一遍又一遍地和愿意成为伴侣的人演同样的戏。DREAM 序列帮助我们理解为什么我们费尽心思重复相同的套路，并且给我们提供了学习如何作出不同选择的技巧。

下面的问题解决了你在阅读本书时会研究的一些基本概念，并概述了 DREAM 序列所处理的与假性亲密关系相关的议题。这些概念通过故事、技巧和体验过程进行深入的说明，以帮助你确定自己受假性亲密关系影响的程度，并构建起坚实的基础让自己认识并了解如何改变和恢复关系。

- 我的歌舞套路是什么样子？对我起到什么作用？
- 在我的歌舞套路里，我是表演者还是观众？
- 最初我为什么创建了这样的歌舞套路，我从中得到了什么好处？
- 我童年的歌舞套路是如何让我走进令人不满意的成人关系的？

- 放弃我的歌舞套路会有什么风险和好处？

DREAM序列帮助你成长，超越你矫揉造作的歌舞套路，建立自由的、充满爱的关系。你将会搞清楚你的假性亲密关系的故事情节和你在歌舞套路中扮演的角色。这将帮助你理解：

- 为什么和你的伴侣在一起感觉很挣扎；
- 为什么你经常感觉你是旁观者，以及
- 为什么每次你和某人交往时，这种情况似乎都会发生。

你还会发现，假性亲密关系不仅让你远离焦虑，也远离了所有的感受，这让你无法享受到亲密关系所能提供的大部分美好的东西。但DREAM序列将向你展现，你一直所做的，不一定是最后的结论。

# 阅读指南

读者可能已经注意到，“表演者”和“观众”这两个词在整个文本中都是大写的。这样做是为了清楚明了地分析假性亲密关系的动力变化。

这本书的五个部分以彼此为基础，为避免混淆，应该按顺序阅读。

- **第一部分：舞台上的假性亲密关系——你的歌舞套路**，对假性亲密关系做了基本剖析，并帮助你在探究自己如何影响构建爱情和亲密关系时，建立起对自己的接纳和耐心。
- **第二部分：开始了解你——聚焦于表演者和观众**，简要描述了假性亲密关系中的主要角色，研究了焦虑如何驱使这些角色进入他们的歌舞套路，并揭示了试图在功能失调的系统内维持安全感而感受到的孤立和沮丧。
- **第三部分：后台——假性亲密关系的内部运作**，首先探究了假性亲密关系产生的核心原因，并讨论了长期陷入假性亲密关系模式中造成的常见陷阱。
- **第四部分：揭开关系恢复的序幕——从假性亲密关系到真正的亲密关系**，介绍了 DREAM 恢复序列，概述了识别和摆脱假性亲密关系的五个步骤。
- **第五部分：加演节目——为爱敞开心扉**，为成功恢复关系提供指导和支持。

每章之后都有一系列的练习叫作“迈向积极的转变”。这些练习包括反思你自己的经历和旨在帮助你应用本章中观点的问题。

用空白日记本来写你的反思和回答问题。安静、从容不迫地阅读和完成练习是有效利用这本书的关键。你的书面回答和反思对于追踪你的思想和行为的变化是很有用的。

列出与你的经历和假性亲密关系的故事产生了共鸣的本书的部分，并写下页码。当你认同本书中的人和他们的故事时，你会感到肯定、宽慰，甚至愉悦。这种类型的认同是一个强大的治疗机制，所以要细细品味并认真思考。每当你对阅读本书的价值和方向产生疑问时，重温一下你的日记的早期记录，重新定位一下自己已经了解和想要了解的方向。

欢迎康复！准备好进入一个学习过程：如何过一种充实的生活并且真正与他人联结。

# 第一部分

# 舞台上的假性亲密关系

## 你的歌舞套路

# 第1章　假性亲密关系解析

思考以下关于关系的描述。有哪些描述符合你的情况?

- 你认为你能保全、操控或拯救吸引你的人吗?
- 你希望那个人能够操控、保全或拯救你吗?
- 你对爱的观念主要是照顾你的伴侣吗?
- 你对爱的观念主要是你的伴侣照顾你吗?
- 当你忙于为你所爱的人做事情时,你是否会感到缺乏同理心或互惠性?
- 当你表现出真正关心的时候,你是否会感到心力交瘁、被利用或者精疲力竭,而不是充满活力?
- 经常感觉你们的关系更像工作而不是玩耍,有更多不能言说的不爽而不是开心吗?
- 你觉得你们的关系最终没有让你的生活更丰富吗?

如果你对上述任何一个问题的回答是肯定的,这就意味着你可能会因为所有错误的原因而建立关系。但是和我们在一起:你正在建立觉察,这是重要的第一步。而且,不要因为这种行为而责怪自己,这是你如实形成的模式。事实上,我们的文化支持单向照顾。它被认为是美德,使我们成为所谓的好家人、好邻居、好公民。但是长期、单向的照顾实际上是婴儿或幼儿在与主要照顾者(通常是父母)关系的最初几个月和几年中所学到的一种功能失调的模式。[1] 在这个模式中,为了能感到安全,我们努力做出我们需要的行为。这些形成性的交互作用是终生互动模式的开始,并一直持续到成年,它的目的是管理人际关系,使其一直有安全感。假性亲密关系是为不允许自发的爱流露出来的两个人而设计的紧身衣，但它至少在表面上保护了他们不受焦虑情绪的影响。假性亲密关系是终极的防御。尝试感受安全和不受焦虑困扰可以战胜任何形式的真爱。然而，不管我们多么想去爱，随着时间的推移，隐藏的焦虑会促使我们不断重复这个模式，以至于我们永远不会学会如何建立真正的亲密关系和互惠关系。相反，我们过着孤独隔绝的生活，尽管我们在生活中似乎是与那些我们认为是最亲密的同事、朋友、伙伴或配偶的人积极交往。

然而，孤独是有回报的。它使我们能够在情感投资层面上保持一种安全的、无懈可击的人为状态，而不受亲密关系所带来的风险的影响。然而，我们与他人互动的空间必须充满一些东西，那就是所谓的歌舞套路。简单地说，歌舞套路是一组行为，可以是主动的、被动的，或者是互动的，其特点是两个人隐秘地同意彼此间不再有真正互动的可能性。这种套路的动力——通常被设计成类似于照顾——实际上与爱、关心或给予是相反的。我们通过拒绝接受身边的人对我们的给予来贬低他们。这是假性亲密关系的基本标志。

## 谁是谁？——表演者和观众

歌舞套路的内容被精心设计用来维持假性亲密关系。表演者公开地给观众提供照顾，而观众通过假装表演者的角色是可取的和有益的，以此隐秘地照顾表演者。因此，表演者把自己看作是给观众提供照顾的人，而观众，接受表演者所提供的照顾，看起来是表演者服务的接受者。然而，两者的行为都是被故意构造来阻止真正互惠的联结的可能性。缺失的联结妨碍了在真正的亲密关系中才有的共享经历的发展。每个参与者的角色都贬低对方，拒绝肯定对方提供的任何真实的东西。也许假性亲密关系最大的潜在问题是，每一方都经历了孤立和对另一方隐约的不满。双方在某种程度上都知道有些重要的东西缺失了。

## 假性亲密关系作为生存工具

假性亲密关系并非任何一方的失败造成的。事实上，可以把假性亲密关系更好地描述为一种生存技巧，这种技巧在童年时期逐渐得到发展，后来被继续使用。作为小孩子，我们经历的世界是不稳定的、可怕的，有时是充满敌意的。然而，这种不稳定的经历实际上是由照顾者的情绪状态——抑郁、焦虑、不快乐或其他消极情绪——所引起的，这使照顾者不能提供让我们感到安全的条件。为了控制我们的焦虑，我们利用我们可以支配的技能来创造希望能让我们的照顾者感觉更好的歌舞套路，这样我们就能感觉到安全。其实我们转换了角色，我们成了父母的照顾者：朱莉(Julie)把冰袋拿给卧床的母亲或按摩她的脚；利亚姆(Liam)想装得风趣一点逗妈妈开心；斯坦利(Stanley)在他的父亲抱怨老板时静静地倾听。我们做了父母暗示让我们做的，希望这能改变他们的情绪。当这样做起作用的时候——当他们的情绪状态得到改善时——我们又感到安全了，可以放松了。

从这些例子中可以看出，孩子的歌舞套路可能是表演者或观众的，但有时它可能包括两者的成分。无论如何，孩子提供了照顾，使不称职的照顾者相信自己是很好的父母。

我们从小就知道，我们的歌舞套路是有效的，在之后的生活中我们带着这些套路前行，并在必要的时候使用它们，使我们周围的人感觉更好、我们自己更安全。以这种方式与他人建立联系是一个从一开始就注定要失败的项目；它设置的环境只允许情感保护性的互动，这样的互动既不开放也不主动，不给分享、接近或亲密留下空间。事实上，这些套路扼杀了对人类实际需求的认识，并阻止我们学习如何满足这些需求。具有讽刺意味的是，这些套路在双方之间建立并维持了防御性的动态关系——假性亲密关系——即使是在紧密的关系中，也不能解决深层的、被认为缺乏安全感的问题。不管我们是表演者还是观众，我们都不能有意义地触动对方来缓解这种不安。

假性亲密关系的部分骗局是它的感觉是正确的，总觉得有些东西是非常糟糕的。它让人感到舒服，因为它使人麻木，虽然从外表看它是真实的。参与者无意识地，又是有意地选择了保护自己不参与到彼此有意义的生活中去。因此，假性亲密关系的使用导致“没有赢家，也没有输家”的局面。

在虐待关系中，一个参与者比另一个行使更大的权利，结果就形成了赢家和输家。在受假性亲密关系影响的伴侣中，两个参与者都没有获胜；两个参与者的焦虑使他们情绪处于封闭状态。对此机制的联合投入被称为“头脑闭锁”(brainlock)。头脑闭锁是一种情绪化的僵局，在这种僵局中，没有东西可以进入，也没有东西可以出来。两个参与者有选择地一起忽略相同的事情。最重要的是，他们忽视了这样一个事实，即他们是在利用一种虚假的联结来对抗亲密。这就好比两个人掩埋了财宝，却忘了把它埋在哪里。

这并不意味着当演员和观众互动时，他们之间就没有发生任何事情。他们的防御结构如此坚固地联结在一起，以至于当他们恢复关系时，他们最具挑战性的任务是从焦虑中远远地往后退，让他们看到他们所创造的歌舞套路已经代替了真正的关爱行为。

## 山姆和克莱尔假性亲密关系的故事

山姆(Sam)和克莱尔(Claire)，两个想成为明星的人，在纽约百老汇剧场明亮的灯光下相遇了。两人都在试图摆脱各自之前失败的亲密关系带来的痛苦，于是立刻彼此吸引，两人相见恨晚，惺惺相惜。他们在走向明星的道路上，彼此相爱、支持，共同生活，至少他们是这么想的，并且在部分程度上他们也做到了。

山姆在百老汇的发展很成功。克莱尔的发展则不太引人注目，她在百老汇的表演只是让自己维持一份正经工作，而实际上她一直都在演艺圈边缘挣扎。很快他们就开始质疑他们的爱情。他们彼此感到不安，并以明显的歌舞套路开始角色扮演。问题是，谁会是表演者，也就是明显的照顾者？谁又是接受照顾的观众？不久，令人兴奋的对健康联结关系的承诺滑进了假性亲密关系的深渊。因为他们都是演员，所以他们歌舞套路中的角色扮演变得非常夸张。最终，他们寻求了夫妻治疗。

从第一次治疗起，山姆就是个非同凡响的表演者。他不停地大声抱怨，很少坐下来。他希望克莱尔扮演爱慕的观众，注视着他在舞台上昂首阔步，这是他们心照不宣的剧本。山姆夸大了他为家庭和工作所做的一切——付账单、组织各种活动，迎合克莱尔的每一个需求。在心理治疗的过程中，他明确表示他坚信他所付出的艰辛都是为了让他们的关系保持正常。

克莱尔似乎并不领情，甚至是一个无礼的观众。当山姆沾沾自喜时，她则默默地、动作夸张地织着毛衣。山姆停下来歇口气时，克莱尔仍然默不作声，于是山姆大声地指责说："克莱尔，你就是不明白!"然后他加倍努力地表演，最后大叫道："那我呢?"克莱尔仍在织着毛衣，承认山姆照顾了她，并为此感谢山姆，但她一直保持着克制和被动。

究竟是怎么回事？显然山姆受到了驱使，但同样清楚的是克莱尔从来都不认可山姆的所作所为对他们共同拥有的生活有任何价值。这种情况持续了几个月，直到有一天他们的心理治疗师告诉山姆："你不要再这么自私了。"

山姆惊呆了，说不出话来。治疗师接着说："是的，你的确在不断地付出和给予，直到伤害了自己和你身边的每一个人。你在付出的时候带着一种报复心理，不允许别人付出，去做一些对你产生影响的事。你传达的信息很简单：不允许任何人相信其所做的任何事是有价值的，尤其是克莱尔。因为你打心底里坚信如果你不把一切拢住，那么整个世界就会崩塌。而这样的生活让你陷入孤立，克莱尔和任何其他人都不能真正理解你。"

山姆在进行歌舞套路表演时被抓了个正着。但幸运的是，对他和克莱尔来说，两人关系的恢复也从那一刻开始了。山姆已经筋疲力尽，他准备好了去接受治疗师给他的建议。他明白并承认了控制和阻止克莱尔想照顾他的一切企图。这使得他迈出了第一步，和克莱尔建立一种可以互换位置、承担责任并学会彼此照顾的关系，关系建立的过程虽然让人感到畏惧，但很有收获。

表演者总是在寻找一件未完成的事去关注——最好是无限期的。对山姆来说，克莱尔的行为和被动顺从就像一种工作保障。克莱尔并不突出的戏剧表演生涯充满了挫折和失望，山姆没有仔细考虑他们之间的关系状况，认为可以帮克莱尔摆脱困境。山姆想要照顾克莱尔的热情让他无法意识到他给了克莱尔机会，从扮演受害者角色中享受到被动攻击的乐趣，克莱尔拒不承认山姆成功地帮助了她是令她深感快慰的事。这种精心的安排满足了他们的需求，忽视彼此感情上的疏远。

一开始，克莱尔只是被动地表演，好像她伴侣的歌舞套路帮到了她。虽然他们的歌舞套路明显不同，但都有一个主要的特点：双方都高度投入地去修正、保全或拯救对他们重要的人。

山姆最早学会他的歌舞套路是在他小时候，当时他设计了一系列的表演让他情绪低落的母亲感觉好起来。相反，克莱尔开始她的歌舞套路是假装认为她那离心离德的父母扮演了好父母的角色。他们两个的表演都是为了缓解家人的忧虑。不幸的是，他们两个人在离开家时都有照顾别人的强迫症。他们想成为帮手的需求一直存在于无意识中，长期以来，他们重复这个模式，没有意识到自己受到一种阻止世界崩塌的需求的驱使。

一旦山姆和克莱尔分享了彼此的故事，他们多年来第一次感到了亲密。于是他们开始用自己曾经对待父母的方式来对待彼此。

虽然山姆和克莱尔的故事看似比较极端，但像这样的伴侣关系很常见。对一些伴侣来说，随着冲突的加剧，其中一方越来越确信自己是受到伤害的，而另一方却假装出被动的无辜。积极的一方很生气但没有反抗，给被动的一方套上绳结，可最后遭到对方的拒绝，成为一个失败的照顾者，而让自己自套绞索。观众投入之深，以至于他或她实际上踢掉了绞刑架下的凳子，又坐回去欣赏这个场面。

克莱尔通过让山姆成为她的英雄拯救者来保证她的安全，山姆会对他们关系中的一切负责，不论事情变得多混乱复杂，一切都指望山姆。

但是克莱尔的态度和山姆修正式的歌舞套路都是孤立的。最后，当克莱尔不再愿意假装山姆的表演对她有好处时，表演就变成了枯燥乏味的闹剧。克莱尔并不咄咄逼人：她只是拒绝让自己投入或对山姆进行肯定。结果，他们的歌舞套路旨在避免的焦虑却以一种报复的形式显现出来。到他们开始接受治疗时，山姆把自己看作一个几乎得不到赏识的照顾者，而克莱尔已经完全失去了兴趣。

随着他们治疗的推进，山姆和克莱尔披露了他们害怕亲密的背景故事。他们这么做之后，惊奇地发现他们恢复了早期关系中体验到的兴奋感。他们一点点地消除了导致他们陷入假性亲密关系的焦虑，开始构建一种真正亲密的生活。

## 我的一生中你去了哪儿?

假性亲密关系以所有错误的原因把人们联结在一起，按剧本扮演相互关联的角色。受到假性亲密关系产生的历史经验的指点，他们学会通过无意识的模式认同去识别对方，并使自己几乎立刻就陷入了歌舞套路中。两个人没有经过深思熟虑而又令人兴奋的恋爱，在短短的几天时间里，他们一见倾心，“终身相伴”。早期的性接触使双方都提升了建立亲密关系的荷尔蒙——要么让他们分开，导致一系列的一夜情，要么过早地放弃或巩固彼此的关系。在任何一方可以停下，思考，也许提出分手之前，他们全情投入。这使得他们忽略了别人看见的表示危险的红色信号旗——也许他们自己也看见了。让他们彼此产生好感的东西——对歌舞套路的投入——最终导致他们关系的失败。心怀不承认的或莫名的不满，则会滋生怨恨。不允许彼此对关系作出贡献会损害彼此的自尊。亲密关系受到阻挠，使得整个关系结构在一定的压力因素下很容易崩塌。

两个人还没有见面，就同意“我就成为你想要的那个样子”，只要“你为我做同样的事情”。那么假性亲密关系在这两个人身上就会起作用。但他们最初如何找到彼此呢？很多人抱怨说他们反复经历令人失望的失败关系，总是找到在角色扮演中喜欢扮演受欢迎角色的伴侣，直到最后演不下去为止。这种令人上瘾的模式继续支配着他们的选择，直到他们能够识别出它并认清他们在其中扮演的角色。

## 穿过拥挤的房间

在阅读以下剧情时，请你寻找任何看起来或者听起来像你的亲身经历的内容。

> 我看着你穿过房间。在我的心里，我领会和感觉到某种特别的、高深莫测的东西。只有我的眼睛看到了把你和其他所有人区别开的未知因素。奇妙的变化！我已经忘记了自己。在经历了过去十二次的失败之后，我对自己发誓再也不以这样的方式认识某人。但是我想要你。我不知道为什么，我被你吸引了。我想了解你，想知道你最终是不是那个我一直以来在寻找的人。

从假性亲密关系的角度来看，这个剧情的意思是："我之所以被你吸引，是因为你有着我与生俱来可以去满足的那种神秘的需求感，就像我也有着吸引你的那种需求感。不知何故，我的大脑本能地知道了。很早以前在孩提时代养成的那个习惯绑架了我的意志，引领我走向毁灭，就像海妖的歌声引诱水手撞向礁石一样。"

> 并且，我向你走来时感受到了这种强烈的愿望。我伸出手并做了自我介绍。我感到我想要你，我必须要拥有你，但与此同时我也感到我们之间有一条不可逾越的鸿沟。

对赌博行为进行的研究表明，差一点就能赢钱的情况为赌徒成瘾的追求奖赏的行为增加了动力。[2] 这一切的发生是通过大脑机制衡量外部情况，在大脑的腹侧被盖区和其他与愉悦感和决策有关的区域产生激活。[3] 例如，在玩老虎机的时候，五个樱桃击中四个时就比五个樱桃只击中三个更能让人继续玩下去，玩家心想：这次只差一个就赢了！再来一局！就一局！

从心理上讲，差一点就得到的情况会让人们错误地认为，如果他们继续尝试，他们就有更大的机会得到他们想要的东西，因为，毕竟上一次他们"差一点就得到了"。在情感反应和以奖励为基础的反应中，人们无法看清其实赢的机会与之前的成败毫无关系。同样，受假性亲密关系驱使的联结诱使我们错误地认为，这次差一点就成功让“下次会不同”的可能性更大。

> 我伸手要抓住你——你在我的指间溜走（虽然你很可能在脑海中浮现出相似的情景）。我为你心痛。我请你跟我约会。即便你同意了，我们还是不可能结合——一定是这样的。我不断地伸手要去抓住你。我的欲望让人无法忍受——而游戏本身，在快把我累死的同时，也让我激动不已。但是如果我得到了我认为我想要的，如果我成功了，我的欲望就会消失。我必须拥有你。我必须帮助你，或者你必须帮助我——而且，不管你如何试图使我相信你是属于我的，我还是不能抓住你。再说了，真正抓住你又有什么乐趣呢？不，我希望这个猫捉老鼠的游戏无限期地进行下去[4]。

这个场景的整个动态关系是由驱动的想法而不是单纯的欲望所驱动的。假性亲密关系发展过程的驱动力如下：需要安全，需要相信我们生活在一个安全的世界，一个没有分崩离析的世界。在驱使形成假性亲密关系的焦虑之下，是我们害怕我们将没有能力保持安全，除非我们保持世界稳定。而这种驱动力将无限期地持续下去。

> 我被你吸引——被驱使和你重复假性亲密关系的模式。我们两人都被同样的需要所支配，这种需要是在我们还是孩子的时候就形成的。我们是歌舞套路的共谋者，它将保护我们免受世界的危险，特别是彼此的亲密和肆无忌惮的感情的威胁。所以如果我们不得不这样做，不要冒现实的风险，让我们跳舞——整夜地跳舞。

## 破坏现状

你觉得与爱人和其他人的联系是充实、流畅和重要的吗？或者，你是否被一种模糊的感觉所困扰，总觉得你和别人的关系有些不对劲——甚至可能真正的联系也完全消失了？

你是否处在一种关系中，充当要么是像山姆一样的表演者要么是像克莱尔一样的观众？也许你隐约意识到使用像他们这样的歌舞套路来满足不言而喻的需求，在你平时过日子时保持超然的态度，害怕破坏现状，害怕冒打破你们之间平衡的风险。无论你在歌舞套路中扮演什么角色，双方都被拒绝妥协的需求所困，忽略了生活中的起起落落，最重要的是掩饰了脆弱。

假性亲密关系中超然的"无感觉"通常被经历为抑郁。但是，抑郁实际上是心理防御的一个幌子，被称为离解——在这个状态中，所有的经历都被粉饰了，所以一切感觉都和其他东西一样。[5] 这是假性亲密关系保护功能的另一个方面，它使我们能够安全地不会将我们的内心暴露在失去我们认为有价值的人的风险上。抑郁症状的离解状态避开了任何与损失风险相关的焦虑。我们中的许多人已经开始了看起来行之有效的关系，直到这样的关系破裂，有时甚至是以可怕的方式破裂。然而，我们被电影、电视、文学、歌曲和戏剧中的浪漫爱情故事和形象所引诱，一次又一次地这样做，一切都保证合适的人选就在那里。但是，我们再次发现，如意郎君并不那么如意，温柔娇妻也并不那么温柔。

**迈向积极的转变**

打开你的日志，让我们开始。

1. 列出你作为孩子和成年人照顾父母的方式。对具体的情节写出简短的描述和细节。
2. 在你还是个孩子就帮助父母时，你觉得自己实现了什么？当时的成就感如何？成就感是否持续，还是你必须反复介入？
3. 考虑一下你在生活中为其他重要人物——其他家庭成员、同事、朋友和过去的恋人充当照顾者的方式。每一种情况都简单描述一下，包括对方的需求和你所提供的帮助。
4. 在你的生活中，你是否与人建立一种有着假性亲密关系特征的关系——爱情关系或其他关系？回想一下你和那个人的相识，解释一下最初吸引你去找那个人的原因。然后描述一下没有如你所愿的事情。

# 第2章　是表演者还是观众？

表演者和观众都担心，如果他/她不做什么来修复或拯救照顾者，世界将会崩溃。虽然方法不同，表演者和观众都被恐惧和焦虑所驱使。

表演者在其以自我保护为真正目的的有计划的照顾行动中，倾向于使用侵入性的、以自我为中心的策略。当然，攻击可以表现为被动的和主动的形式。观众可能以被动攻击的方式运作，而牺牲了表演者。通常，表演者作为关系中的积极成员决心要脱颖而出，但他通常不愿意被观众视为坏蛋——至少没有明确说明[1]。表演者积极地追求自动修复活动，允许观众隐藏在非参与者甚至受害者的角色中。从那个位置，观众可以通过不回应治疗被动地惩罚表演者，号称没有感觉更好。然而，在现实中，很少有这种黑白分明的情况。

一个更典型的模式出现在两个人陷入冲突的时候，表演者把自己看做受害者，对观众吹毛求疵，进行指责。在这种情节中，观众故意采取被动的姿态为表演者提供空间。在他们的关系破裂后，观众安慰自己，让自己相信这是与一个性格如此咄咄逼人、难以控制的人相处的自然结果。

## 准备，瞄准，事与愿违！

当表演者和观众在怪罪游戏中呈现情感闭锁时，他们之间的对话听起来会是怎样的？让我们仔细看看表演者劳莉（Laurie）和她的观众丈夫卢（Lou）的交流。

劳莉：你的秘密简直要了我的命，卢，它们一直折磨着我们俩。我真不敢相信我为你做了那么多，我为这个家庭所做的一切，你就只是坐在那里什么也不说。你怎么能这样完全不愿意告诉我你到底在做什么？我已经努力了，尝试过了——我什么都做了。我还能做什么？

卢：（沉默）

劳莉：我为你做的越多，你就越封闭。我向你要的越多，你就越逃避。到底怎么了？我怎么做才有可能把我们之间的关系变得更好呢？

卢：（沉默）

劳莉：你怎么就能坐在那里不说话呢？我真的相信，当我接手第二份工作的时候，当我开始重新执教的时候，当我支持你新的商业风险投资时，我付出了巨大的个人代价，为了找到更多的儿童保育服务，结果承担了更多照顾儿子的责任，最后你会看到我做了多少，为你——为我们做了多少事。

卢：我知道。

劳莉：那你为什么不告诉我你一整天都在忙些什么？我为你做了那么多，卢，我为什么要担心你在做什么呢？为什么我必须是做这一切的那个人——并且仍然觉得自己是个坏人？

卢：我知道你为我做了多少事——为了我们。我知道，如果没有你所做的一切，我们是不可能度过这些艰难时刻的。谢谢你。

劳莉：好吧，好吧！谢谢。

卢：[沉默]

有了这些假性亲密关系老手的专业技能，劳莉和卢都会阻挠其他亲密的机会——或亲密关系产生的威胁。尽管他们的角色截然不同，但这个例子说明了他们商定的角色如何与单个目的协作。最重要的是，他们显然一起构建了这个表演套路。

善于观察的眼睛可能会注意到，虽然卢默默地承认劳莉的贡献，甚至为她鼓掌，但他拒绝任何可能加之于他的义务——特别是承诺什么可能会被认为是照顾他们家庭的共同目标。他一直袖手旁观，让劳莉去承担所有的责任或责备在他们共同生活中的是是非非。

“毕竟我为你付出了”，这是表演者经常抱怨的话。观众的角色提供冷淡的认可和掌声——蹩脚地沉默地站在一旁。

正如我们所看到的，观众是一个非常难对付的目标，实际上这是重点。卢已经让劳莉承担了他们关系中的所有责任，而他在情感方面却溜走了，留下劳莉，她不知道为什么感到孤独、怀疑和害怕。卢的沉默加强了劳莉在这种情况下的表现，这个剧情不需要他真正在场。照料被提供了，并避免了人际互动。任务完成了。

## 陷入歌舞套路中

有时歌舞套路“感觉良好”的部分似乎是有益的——这部分如此引人注目，摆脱它并不像停留在这种状态里那么有吸引力。如果你是表演者，别人告诉你你就像一个读心者，那就太令人兴奋了，甚至你的观众感受到之前，你似乎知道他/她是什么感受。谁不喜欢被描述为无私，对他人敏感，并始终确保他人的需要得到满足？它有时感觉像一份全职工作，但仰慕和赞美作为回报感觉好极了，对吧？

作为观众，找到“那个理解你的人”不是很棒吗？一个对你如此着迷的伴侣，以至于他或她总是不等你提出就主动满足你的需要，有时甚至是在你意识到这些需求之前？一个总是有解决方案，而且是如此聪明、有趣、乐于助人和让你开心的伴侣？当你和这样的伴侣在一起的时候，你会感到生气勃勃，充满希望。现在你的生活将一帆风顺。他或她将永远照顾你，永远不会伤害你。而你要做的就是做你自己。是的，有时候会很累；而有时候这个人会急于要告诉你你的需求和缺点，但是人无完人。

那么，如果一切都好，为什么关系会分崩离析呢？想想看，你以前出现过这种情况吗？上一段充满希望的恋情不是已经破裂了吗——而在那之前的一段呢？一开始，一切都很完美：你们每个人都知道自己预期的角色，而且似乎都很兴奋能一起扮演这些角色。那么究竟是什么信号——是谁说了什么或是做了什么——让你们中的一个或两个都感到了危险呢？

## 停止歌舞套路

意识到假性亲密关系不是答案是个好消息，因为它意味着爱、仇恨、恐惧和快乐仍然存在。但这不仅仅是意识到否认或隐藏的情感。在相互协作的关系里，双方在谈论自己的感受时都会感到安全，但是这种关系，尤其是在刚开始的时候，通常是很可怕的。但一旦尴尬过去，会感到这种关系是对的，甚至很好。不要因为害怕感受失控就远离感受，一起探索感受是成为真正的、互惠的亲密关系的开始。

使用下面的模式，回顾假性亲密关系的动力，以确定在歌舞套路中你扮演了哪个角色或哪些角色。你会知道你是谁。要诚实，但不要自我批评。

### 假性亲密关系的特征

**表演者**

**给予，给予，给予——直到伤害。**

**特点：**制造怨恨、焦虑、付诸行动和不平衡；有优越感、情感疏离和虚假的安全感；设计出行为；贬低他人。

+

**观众**

**接受，接受，接受——直到伤害。**

**特点：**封闭、焦虑和付诸行动；假装套路有效；故意挫败伴侣进行帮助、修复和拯救的努力；防御以拒绝接受他人的给予。

=

### 假性亲密关系

情感疏离或缺失，用以防御同理心、亲密感、情感风险和情感投资。

**结果：** 抑郁、解离和孤独。

---

**迈向积极的转变**

---

下面的问题和练习将帮助你识别卢和劳莉的故事中与你产生共鸣的部分。

1. 你是表演者还是观众——或者你混合了两个角色？
2. 是什么个人特质或行为暴露出你是表演者还是观众？它们在你与他人的互动中如何表现？
3. 什么情况或感受触发了你的歌舞套路？
4. 你的歌舞套路有什么好处？识别和观察自己表演这些行为的感受如何？
5. 现在作为一个成年人，有什么方法可以应对你作为一个孩子所不能应对的基于关系的焦虑吗？

# 第3章 回避爱的可能性

假性亲密关系是一种心理防御系统，它驱动着伪装的联结，从表面上看，像是真实的关系。

儿童表演者被驱使着总是在“表演”。相反，儿童观众总是被驱使在“那里”聚精会神地观看。初露头角的、强迫性的照顾者总是准备创造和维持自给自足的妄想。这种模式的最初好处是允许个人，现在是一个成年人，向焦虑妥协。然而，长期的影响是成人在不知不觉中预支了未来的安全感，在不知道本金和利息有多高的情况下产生了情感债务。但这并不是一旦还清，就从总账中消失的那种债务。相反，借债的人一生之中每一次与人新的邂逅都会陷入假性亲密关系中。

为了保护自己不受这种冲突的影响，陷入假性亲密关系的人们使用一种被称为“解离”的强大的心理防御。解离保护我们不要意识到创伤体验，但不是保护我们不受其影响。疼痛，虽然麻木了，或者解离了，但是并没有消失。不幸的是，解离的影响更深；避免痛苦（或冲突）成为我们生活方式的一个主要特征。

歌舞套路是这个编码的可见部分，成为我们与世界联系的不变的方式。这好比是神经紊乱导致持续的、无意识的身体运动，或者是木偶戏表演者把我们当成一个提线木偶，迫使我们反复扮演表演者或观众的角色。

假性亲密关系的参与者以共情、亲密感、情感联结和情感投资所固有的风险相互威胁。为了应对这一威胁，表演者和观众共同创造了头脑闭锁，这种状态排除了给予和接受或分享经历的可能性。

通过观察格伦（Glen）和维姬（Vicky）的故事，我们可以更好地理解焦虑和错觉是如何成为假性亲密关系的基础的。

## 格伦和维姬的联结

格伦在研究生院遇见维姬。格伦描述他们的第一次见面时，他说："我觉得有什么东西在我头上敲了一下，把我甩在肩上，把我拖到了爱的国度，那时，我曾经认为爱情只存在于幻想中。感觉真好。"

当然，我们文化中深得人心的浪漫爱情让格伦为之一振，认为他找到了合适的人。最终，他的生活也将会是完美的。他经常疑惑是什么让他觉得维姬如此熟悉。他会说："当我和她在一起的时候，可以轻松地做自己。"他无法知道其实当时敲他头的就是他自己的大脑，当他年龄太小无法理解发生了什么事情的时候，这种错觉就已经在他的大脑中被编程了。

据格伦说，他们约会开始时强烈的性吸引力和结合感觉很棒。荷尔蒙传递的兴奋屏蔽了他们在现实关系中不那么愉快的方面。很快，他们互相发誓与对方是真爱，这是格伦在与女性的关系开始时的一贯做法。但对于格伦和维姬来说，这是真正的交易。激情的性爱，冒险的旅行和拜访家人——真愉快他们终于找到了一个人——证实了他们的忠诚和共同的梦想。

格伦能不爱维姬吗？他讲笑话时她开心地笑，告诉他他很聪明，让她感到快乐。听了他的故事，维姬联想起格伦选择临床心理学事业的奋斗史，这也是她的职业。

维姬能不爱格伦吗？他理解她，敏感而有耐心，在她情绪低落的时候，他竭尽全力去找到她安慰她。他们有这么多共同点，很容易看出他们是如何被欺骗，相信各自找到了自己失去的一部分。

格伦喜欢把维姬看成是他唯一能驾驭的情感迷宫。不知何故，他知道他可以修复她——不管她是否觉得她需要修复。和维姬在一起让格伦感到安全、强大和不可替代。格伦让维姬相信她终于可以活力四射了。这一图景有何不妥？角色如此协调匹配——他是表演者，她是观众——为什么他们不能成为天生的一对？他们的角色互补难道不能给他们双方都提供令人满足的、持久的、令人兴奋的婚姻吗？

然而，事实证明完全不是这样。他们正在构建和促成假性亲密关系，迅速从模拟的亲密关系到冷淡的隔离。最终，他们发现他们的分歧，坚决抵御对方所提供的一切。

格伦为自己寻求精神分析，部分原因是因为他正在考虑在他的资历中加入精神分析的训练。在实践中碰壁之后，他希望分析过程和培训项目能帮助他找到他越来越感觉到的临床实践停滞不前的原因。他开始怨恨他的病人没有好转，虽然在某些情况下，他们似乎越来越依赖于他，即使他们批评他的工作和他本人。他开始怀疑他的病人是否因他试图帮助他们好转而惩罚他，或者，通过没有好转实行被动攻击。与维姬结婚几个月后，格伦反思并觉察："有时，我对我妻子也有同样的感受。"尽管他们都感到深深的忧虑，夫妻双方都不承认他们的关系已经变得多么脆弱，而是头脑闭锁维持着关系。

在格伦探索为他的妻子和其他人扮演表演者的过去经历时，他开始理解假性亲密关系的动力，并清晰起来——他在职业和婚姻中扮演了照顾者的角色。但他照顾者的角色开始于很多年前，当小表演者格伦在他母亲极度悲伤和失望时，他扮演了小笑话大王，想尽办法让她振作起来。

格伦形容他的父母是"60 年代的孩子"，他们结婚很早。格伦出生时，他们都只有十八岁。他的母亲来自一个富裕的家庭，而他的父亲是一个"来自社会地位低下家庭的男孩"。未婚先孕和他们的婚姻是挑衅性的，被认为是对他母亲家庭的侮辱，因为他们希望孩子堂堂正正地见人，而不是被人们所八卦。婚后不久，格伦的父亲应征入伍，在越南服役，在那里他开始酗酒、吸毒、招妓，产生创伤后应激反应。在同一时期，格伦的母亲再次信仰基督教。尽管相信耶稣，格伦的母亲还是变得非常抑郁。她的抑郁促使格伦学习他的基本的歌舞套路——滑稽幽默、笑话和戏法，这些都似乎缓解了笼罩着这个家庭的阴霾。

当格伦的父亲从越南回来后，他们的婚姻很快破裂了。他母亲幻想着她能用宗教来帮助她的丈夫，但他却离开了。这迫使格伦更加关心他的母亲。他总是"在表演状态"，疯狂地为她表演，在任何地方都用他的套路。而且这种方法经常有效。上学时，他继续他的歌舞套路，成为众所周知的班级小丑。不可否认，他很受欢迎，人们显然都喜欢他，但他从未觉得自己与任何同学有明显的联结。他们可能喜欢和他在一起，但亲密的友谊却躲开了他。事实上，他似乎离任何人越近——尤其是认为他浪漫有吸引力的女人——他越容易怨恨她们。这种感觉变成了相互的。在他失败的恋爱关系结束时，他的女朋友们一致抱怨他似乎并不真正重视她们，这让格伦感到困惑和不公平。

也许最典型的浪漫伴侣（即将成为观众），格伦最终贬低的是他的妻子维姬。当他们在研究生院相遇时，格伦的套路似乎让维姬感觉好些。原因很容易理解；在他们关系的初期，她就透露了促使她成为一名治疗师的童年的细节。但她最初设计用来对待她母亲和父亲的歌舞套路，与格伦的套路截然相反。在她的童年时期，维姬创造了使她忽视的父母相信他们是好父母的方法——虽然实际上，她认为她的母亲精神不正常，她的父亲是无能的。

维姬故事背景中更黑暗的部分与格伦的截然不同。在他们的西南小镇，她的母亲嫁给了高中橄榄球明星。她妈妈的成长中总以为西部牛仔都很浪漫，事实上，父亲身上的一点牛仔气质使这更好。不幸的是，繁星闪烁的日子是短暂的，她的橄榄球明星丈夫最终找了一个并不浪漫的汽车推销员工作，而维姬的母亲开始了她自己的成功事业。两个孩子出生，一个儿子和维姬，他们在很小的时候就学习作为他们母亲的观众。维姬最早的记忆是听没完没了的故事，她的母亲是“故事秀的明星”，但随着她长大了，她母亲的行为变得越来越怪异和具有破坏性。与此同时，维姬继续假装她的母亲和父亲是好父母——这是维姬的哥哥拒绝证实的闹剧。她继续伪装做戏，但当到她上大学时，她就逃离西南部去了纽约。

虽然他们的故事是惊人的不同，维姬和格伦显然有一个共同的主要特质：他们高度投入到帮助中，即修复、治愈或拯救在他们的生活中有重要意义的人，不论这些人是否被视为所爱的人。格伦的歌舞套路是一系列的表演，旨在使他抑郁的母亲感到高兴。相反，维姬的歌舞套路是扮演观众，假装她的父母是好父母。

当格伦和维姬离开他们的原生家庭时，他们的照顾强迫行为都没有结束。他们把自己无意识要成为“帮助狂”的需求延伸到了他们未来的许多或大部分的关系中。通过长期重复这种照顾模式，他们没有意识到他们的动机是因为他们迫切需要阻止世界分崩离析。当格伦和维姬相遇并成为彼此的新家人时，他们用一些微小的调整来重建他们旧有的家庭动力，同时保留了破坏性的动力。

格伦和维姬是两个因为完全错误的原因相爱的教科书式的例子。他们两个的情况都是为了避免世界的崩塌而去爱。但是，他们的婚姻契约与爱无关；这是一项不言而喻的协议，将真正投资的可能性和风险边缘化。相反，他们在生活中对他们未满足的需求缄口不言，从而消除了生活蒸蒸日上和改变的可能性。

尽管格伦和维姬互相讲述了他们的故事，与之相悖（欺骗性的），这样做并没有建立他们之间的亲密关系。维姬在情感上仍然是有所保留的，没有明确地要求格伦说明她在他的生活中的地位。他们的故事仍然是单独分开的。除了他们自己一直所发挥的作用之外，头脑闭锁阻止了在对方的生活中每个人都能发挥作用的可能性。格伦和维姬不能彼此倾听或感受到对方，这使得他们不可能一起创造和分享生活。

维姬对于接受格伦照顾的表演与她对父母的关爱相似，就是接受格伦的对待方式。就格伦而言，他经历了维姬的冷漠和性冷淡之后，加倍了他的歌舞套路。有一段时间，这样做似乎有用；格伦得到了同样的满足，如同当年他让他抑郁的母亲笑了。然而，在内心深处，格伦知道，整个关系是一个诡计；他并不开心，而且模糊地意识到了对未来的焦虑。

结婚两三年后，格伦和妻子的假性亲密关系的期望背后的现实就变得清晰了。当他和他的分析师揭露了他的照料角色的动力时，格伦试图与维姬分享他的危机，恳求她的支持和同情，但她退缩了——开始只是情感上的，但最终，格伦意识到他与一个不但没有准备好而且不懂他的人生活在一起。他被迫面对现实，维姬没有兴趣陪伴他渡过生活中的任何危机。从维姬一边而言，作为格伦的观众的协议包括了不言而喻的附带条件，如果生活变得艰难，她会勇往直前地离开，就像她离开她童年的家一样。

通过这一轮的事件，假性亲密关系的本质对格伦和他的分析师来说变得非常清楚。他和维姬的关系是孤立的，无效的，充满了怨恨。维姬对格伦的套路的热情接受被发现正是她的幻想般的套路。在那一刻，格伦清醒过来，开始了最后认真地审视他作为一名表演者经历的过程，面对他无意识地依赖于他的歌舞套路来破坏任何亲密关系的方法。

## 更深入的分析和脑科学

正如我们在格伦和维姬的故事里可以看到的，与假性亲密关系相联系的行为，旨在抵御焦虑。但究竟什么是焦虑？焦虑是一个敏感系统的最初反应，它能让我们警惕危险，保护我们免受伤害[1]。每个人都会经历焦虑并找到管理它的方法。当焦虑被管理得好时，我们能更好地发挥作用，更快乐。但是，当处理焦虑的方式减少了对我们的感受的意识，但不是感受本身时，我们就失去了对我们的情绪的指导。这使我们面临不健康甚至危险的情绪状况的风险。随着我们对焦虑的否定不断加深，我们面临着越来越大的风险，被似乎不知从何而来的莫名其妙的情感潮水淹没。

这种心理适应实际上导致了大脑结构和大脑网络功能的改变。我们的前额叶皮质（更高级的大脑）养成了忽视我们的边缘系统（情绪大脑）的习惯，加上时机感差，导致了太多或太少的抑制。因为我们从来没有学到有建设性地处理情感危机所需的技能，我们使用两个钝器来处理它们：要么我们用离解来麻痹我们的感受，要么我们基于我们仔细商定的角色爆发愤怒以粉碎挑战。这被称为情绪失调，这对维持假性亲密关系至关重要。正如我们在依恋理论中所见，两个人——在亲密关系中，各自情绪调节有困难，并且他们都情绪失调——可以诉诸假性亲密关系的机制来创造长期的稳定。

底线是，无论我们如何努力说服自己（就像格伦和维姬所为），我们与自己接触，我们可以，并将使用假性亲密关系保持距离并且隐藏我们的感受。无论我们使用什么方法，我们最好的思维都不能欺骗我们的感受。

当我们对自己的情绪视而不见时，对它们的真实反映实际上是不可能的。我们可能希望向另一个人展示自己——特别是一个有浪漫情缘的人——作为力量和支持的源泉。但是，如果我们在实际被吓坏的时候总是表现得看上去很坚强，那我们就付出了在关系中没有情绪呈现的代价。如果我们失去了对自己情绪和需求的感知，我们就失去了反思和作出正确决定的能力，甚至对我们自己也是如此。另一方面，如果我们相信我们所感觉的是事物真正存在的唯一可靠的指标（认知行为疗法中被称为情感推理），我们就生活在一个萎缩的现实中，几乎没有快乐、兴奋和智慧的空间，而这些都来自于自发性和反思。

在格伦和维姬的假性亲密关系生活中，格伦对维姬的慷慨大方似乎是一种力量，而格伦对维姬的宽容的关注感到非常满意。但是，格伦和维姬陷入他们对自己和对彼此的错误想法中，这就变成了隔离和怨恨的牢笼，两人都害怕，想从中逃离。

## 我们的大脑如何创造爱或停止爱

大多数陷入假性亲密关系的人在关系出问题之前，都不知道有什么不对劲，尤其是在过去一切都发展顺利时。我们的歌舞套路如此有效地转移了我们的焦虑，以至于我们无法想象有什么需要改变。我们不知道我们是多么的害怕，我们的无意识的恐惧是如何不容许任何改变的。或者，同样具有破坏性的是，恐惧驱使我们强迫地、不加思考地追求改变，不允许新人或新情况证明其价值。这可能在某种程度上是令人不安的，在其他人看来，为了在焦虑中麻醉自己，人们自愿付出封闭自己的代价。

在我们进行歌舞套路表演时，大脑继续产生键合化学物质。例如，催产素将我们转变为一种无条件的关爱状态，这种状态适合于照顾遭受痛苦的孩子的母亲，但缺乏睾丸素驱动的性欲，抑制多巴胺——多巴胺是大脑中的一种化学物质，能调节许多与激情性互动有关的愉悦感觉。此外，对无条件的爱体验的研究表明，当我们扮演一个高强度照顾家庭的角色时，我们的大脑体验疼痛的能力，在中脑导水管周围灰质的调节作用下，是减弱的。[2] 这可以从照顾非常脆弱的新生儿或生病的孩子的母亲身上看出来。不论是表演者或是观众，在给予这样的照顾时，对自己的需要和痛苦的感觉暂时停止。我们的思想变成了士兵、舞者、瑜伽修行者，甚至是殉道者的思想，他们一心一意关心的是完成任务，而这项任务的重要性要凌驾于所有其他需要考虑的事情之上。

因此，假性亲密关系排挤了我们大部分的情感生活，把平衡的、真实的关系置于我们力所能及的范围之外——不管是在生意上，还是与朋友，或者，可能特别是与爱人、配偶或伴侣。在扮演表演者或观众时，为了当下迫切需要抑制我们深层的不安，牺牲了长期需要的健康的、相互支持的关系，从而使我们与他人以及我们自己彻底地失去平衡。我们可以像这样生活一段时间，但最终我们会崩溃。崩溃时，我们常常病得很严重，需要照顾。债务已经到期，必须付出高额利息进行偿还。

---

**迈向积极的变化**

1. 回顾一下你最糟糕的恋爱关系，是什么让它令人失望或失败？
2. 你的歌舞套路在这段失败的恋情中扮演了什么角色？你的搭档在套路中扮演了什么角色？你们各自是如何阻止亲密关系发展的？
3. 想想你在以下方面最好的关系：家庭、工作、友谊和恋爱关系。你能找出哪些相似之处？

---

# 第4章　亲密的威胁

假性亲密关系是普遍且具有破坏性的。从本质上说，它隐藏了自己，几乎是催眠般地使生活在假性亲密关系中的人感到困惑，心烦意乱。具有讽刺意味的是，它用相似的语言和姿态给自己披上了真爱和关心的外衣。我们自欺欺人地相信我们强迫性的照顾证明了我们是多么慷慨和善良。这并不意味着，内心里，我们不是真心诚意地想要慷慨和仁慈。然而，我们的焦虑已经操纵了爱的词汇，用它来制造假性亲密关系的没有风险的空间。假性亲密关系的一方面是一个人的歌舞套路中的关键要素变得无法协商，诸如刻板地需要总是正确或不能看到任何超出自己观点之外的东西。贝蒂(Betty)和汉克(Hank)就是这种情况。

## 贝蒂和汉克假性亲密关系的故事

“我不在乎与我争吵让你觉得有多糟糕的感受，无论发生什么，我都要赢得这场争论，因为我是对的。”表演者贝蒂对她的观众丈夫汉克说。

如果“正确”是作为照顾者身份认同的一部分，它可以很容易地变得比别人(包括所爱的人)的感受更重要。贝蒂的父母训练她为了获得他们的关注，认为正确比爱和共情更重要。他们给了贝蒂这种关注，而不是真爱。表演者往往无法识别这种特质，因为他们认为正确是他们的善良或可爱的本质——并没有意识到他们在孩提时代就学会了对他人态度苛刻。

“告诉我——究竟争论是什么?”汉克问道。通过扮演观众的角色，汉克能够使自己远离责任——或攻击——那是他们之间真正发生的。

在这一点上，贝蒂和汉克完全卷入了争执，乃至汉克已经忘记了他们争执的内容，甚至不再关心。当然，这让贝蒂觉得不被重视。但是汉克已经失去了理性思考和反思他们之间发生了什么的能力。

就大脑活动而言，汉克大脑中相对自主的部分接管了他。可以这么说，他被"大脑操纵了"，被称为腹侧纹状体和杏仁核的区域操纵了。腹侧纹状体编码习惯型学习，或条件反射。当强烈的情绪，如典型性的恐惧情绪出现时，杏仁核激活。这导致了战斗或逃跑的反应和基于恐惧进行的调节。当情绪受到良好的调控时，两个区域一起平衡这种基于恐惧的调节：考虑到了强烈情绪，前额叶皮质进行下行抑制，让理性干预，以及海马体和与之位置相邻的杏仁核一起协力发挥作用，正确看待恐惧，所以不会被恐惧情绪控制。汉克的个案中，他陷入假性亲密关系的痛苦中，处于机械反应的状态。

结果是，为了让贝蒂必须是对的，汉克成了最佳的被动型观众。此外，通过记住他们争论的每一个细节的能力，她甚至能够积累更多的权利。从贝蒂的角度来看，"自己是对的"是他们关系的目的。她如法庭速记员般能记录他们之间争论的能力给了她更大的优越感。

当贝蒂和汉克开始夫妇共同治疗时，贝蒂曾任杂志编辑的管理岗位，试图以占领汉克的同样方式来占领治疗过程——她甚至建议治疗师如何处理他们的案例。贝蒂的控制欲真是让人目瞪口呆，治疗师甚至寻求了督导以协助她来掌控局面。经过艰难的过程，所有三名参与者都有机会看到贝蒂控制欲的强大，汉克作为观众的迷惘，以及两个人都非常顽固。

随着时间的推移，贝蒂能够看到他们的歌舞套路如何使她无法意识到她是多么重视和依赖汉克。汉克也明白了他付诸行动地照顾贝蒂，主要是他选择了通过让自己变得无能，需要她的帮助而为她效劳。即使当贝蒂处于低谷，试图去帮助修正汉克并去治疗，自己一定正确的需要仍然保护她免受她对与汉克亲密的恐惧，就像汉克无能的伪装让他与贝蒂保持距离。有毒的怨恨情绪弥漫在他们的假性亲密关系中，随着时间的推移无情地显现出来。

一天在治疗中，贝蒂问了一些非常诚实的问题，开始粉碎他们的假性亲密关系的模式。"如果我从来——永远对任何事情都没有正确过，会怎么样？这对我们意味着什么？我认为汉克给我的爱只是某种梦想吗？我成为了他的妻子和照顾者，是否因为我认为他爱我，依赖于它？是我相信我的正确把我们结合在一起的吗？”贝蒂打开了一扇机会之窗，使得他们开始看到他们的共同协议，并且实际上撤销了它。

汉克突然抬头说：“我们？我们好久好久不是我们了，贝蒂。现在我开始认为我对此的责任远远超过了我所想的。”

随着他们治疗的进展，两个人都能看到汉克作为观众的角色使他们彼此能够保持一个安全的距离，而不是冒险进行有意的情感投资，这是亲密的一部分。贝蒂对于自己必须正确的需要在他们的生活中无足轻重；这只是保持他们之间空间的一个辅助。在面对这个问题时，贝蒂意识到自己总是正确意味着孤独。汉克意识到他利用自己的无能创造了安全而孤独的空间，他这样生活了好多年。

贝蒂和汉克学会了在他们的歌舞套路之外去看待彼此，他们还记得曾经他们是多么地关心着彼此。在他们关系恢复的过程中，他们学会了如何与对方相处，因为他们从来没有这样做过。他们一起学会了如何和亲密产生的焦虑威胁共存，而不需要回到假性亲密关系的痛苦距离。

## 为歌舞套路连线大脑

虽然表演者可能使用各种积极的行为，观众的姿态使整个过程成为可能。从汉克和贝蒂的例子中可以看出，如果汉克没有为贝蒂提供空间，贝蒂就不可能总是能让她的正确的需求付诸行动。表演者在情感上依赖于观众的服从意愿。汉克和贝蒂的歌舞套路诞生于几十年前，当时他们都试图从他们的照顾者那里得到渴望的回应。贝蒂学会了“正确和坚韧”。汉克更主动地缺席，从他的照顾者眼前的意识中消失。

无论哪种行为显露出来，它都被用来让照顾者相信他或她是好父母。一旦形成了恰当的歌舞套路，孩子就可以而且将在必要时使用它，以再次感到安全。孩子成为父母的照顾者，而父母接受孩子的照顾，这是他们心照不宣的约定。

然而，对孩子来说，早在他或她发育到能够理解正在发生的事情之前，协议就已经达成了。在孩子发展出以左脑为基础的理解和整合技能之前，协议就已经在右脑发挥作用了。结果，这种潜移默化的个人安全谈判技巧成为掌控未来关系的驱动力。

研究我们大脑如何工作的科学解释了这是如何发生的。我们的大脑中古老的、习惯性的、自主的机制（称为腹侧系统，尤其是纹状体）支配着我们的功能。这些机制过于简单，不包括检查我们的反应和行动的能力。相比之下，我们大脑中后来在人类进化中发展起来的部分（背侧系统）是发生更为复杂的功能的地方——自我反省的能力、灵活性，以及深思熟虑地评估环境和形势的能力。然而，儿童照顾父母的情况要复杂得多。

我们生来就具有基本的共情能力，也就是能感受到别人的痛苦。[1] 然而，如果没有分析和反省的能力，孩子只有在他人的痛苦对他们产生影响时才做出反应。因此，孩子只能将父母不愉快的情绪状态解释为对自身安全的威胁。这表明，孩子的自主移情能力还没有发展为反省、同情和自我调节的能力，使他或她容易放大父母的负面情绪。如果父母没有设定健康的界限（即坚持父母的角色），孩子就会面临不健康的关系模式铭刻在他或她脑海中的危险。

歌舞套路的词汇也是由人的千变万化的气质所决定的。但是这些套路有一个共同的锁定特性，排除了讨论或反省。套路一旦建立，就会无条件地抵制适应特定关系的复杂性。没有检查和适应的能力将导致受影响的孩子把这个套路带入未来的成人互动中，结果是消极的，有时甚至是灾难性的。

## GRAFTS：我们歌舞套路的变种

孩子在童年时期的生活环境，尤其是母亲、父亲和一般家庭体系中的经历，使得各种互动模式被嫁接到儿童的个性中。家庭的“清规戒律”、文化规范、交往模式、含蓄和言明的需要和愿望都是有指导性的，教会孩子如何在环境中生存并适应环境。这些因素，当它们成为期望时，与先天的气质结合形成了孩子的歌舞套路的基础。

在被假性亲密关系影响的个体中，这些套路从他或她童年时与主要照顾者的互动发展而来。歌舞套路，实际的人际行为套路在假性亲密关系中重复，某种程度上从个人的依恋风格发展而来，倾向于成见、逃避和轻视，或者倾向于混乱和不可预测性。我们的依恋风格塑造了我们看待他人和自己的方式，我们基于这些感知所作的决定，以及随着时间的推移，它们成为习惯性的、无意识的，以及我们的歌舞套路的自动条件反应的第二天性。

如前所述，这些模式就是 grafts，或 GRAFTS，这是歌舞套路基本模式的首字母。请记住，虽然本讨论描述了这些模式在假性亲密关系的背景下功能紊乱，但是同样的模式也可以是健康适应性机制的一部分。

下面是适应性行为被移用到孩子与世界互动的风格上的例子。在成年期，个体继续使用过去的 grafts 行为来诱导他人作出“积极的”情绪和行为反应——尤其是重要他人——从而减少个人的焦虑。

| GRAFTS 描述 |
| --- |
| **好的(Good)** |
| 孩子认为照顾者希望他或她是“好的”。如果这一技巧对照顾者起作用，那么个人将尝试以同样的方式与每个人“好”。希望良好的行为将会“足够好”，以修正照顾者，使他或她可以以理想的方式回应孩子。 |
| **正确的(Right)** |
| 孩子是被逼着做“正确的”人，因为他或她认为，只有事情是按照照顾者想要的方式完成时，照顾者才会更好并且爱孩子。有时，这可能会变异成“强”或“能干”，这两者都是“正确”的方式。 |
| **缺席的(Absent)** |
| 孩子认为，远离照顾者，照顾者会感觉更好，而且将更有能力和更愿意爱孩子。这个技巧经常被抑郁者照顾着的孩子使用，照顾者无法振作高兴起来，但也可能由仍使用心不在焉的照顾者的孩子使用，因为照顾者似乎不愿意为孩子的问题困扰。虽然乍一看是与直觉相反的，但这实际上是观众所采用的“在雷达下”策略，他让他/她的照顾者听不到他/她自己的需求而感觉良好。（一般来说，某种程度的不参与，或“缺席”，是任何歌舞套路成功的必要条件。） |
| **有趣的(Funny)** |
| 孩子刻意扮演开心果的角色，希望能让照顾者发笑。当孩子发现套路起作用了，如做可笑的行为、唱歌，或跳舞，每当照顾者需要时，孩子就再次采用这种类型的表演。 |

续 表

| 紧张的(Tense) |
|---|
| 孩子生活在一个持续而无意识的高焦虑状态中。为了照顾他或她的照顾者,孩子时刻"如履薄冰",但又不允许对他或她的不安引起注意——甚至私下也不许。这是为找个家庭替罪羊设计的圈套——其他家庭成员认定他为"有问题"的家庭成员,从而为不被承认的家庭功能障碍或矛盾提供了一个靶症状。 |
| **聪明的(Smart)** |
| 在重视智力的家庭中,儿童成为早熟的小大人,照顾者的关心得到了保证,从而使照顾者对孩子给予更多的关注。这种行为往往导致孩子不仅否认自己的感情,而且还被剥夺了探索感兴趣领域的自由。随着孩子的成熟,他或她使用理智化来阻止情感的意识。 |

这些GRAFTS是我们用来满足我们主要照顾者的一些技巧;然而,做一个有强迫性的表演者或观众并不只是简单地做到自己是好的和做正确的事情。歌舞套路可以结合一个或多个GRAFTS技巧,针对个人的情况进行调整,以稳定他或她的环境。

## 拉里发现了他的GRAFTS

当拉里(Larry)开始接受治疗时,他不知道为什么在花了一辈子的时间给别人留下好印象并让他们喜欢他之后,他仍然孤独寂寞。在他的治疗过程中,他逐渐熟悉了假性亲密关系、GRAFTS,以及歌舞套路。某一周,他把他在GRAFTS方面的经验总结带到了治疗中,这个总结是一篇充满能量的自我发现和认同的文章。

> 我的一生都是关于GRAFTS。但我从来不知道我是一个讨好别人的人,一个表演者。我只是不由自主地和老板、朋友以及所有人这么互动。
>
> 我专业做得如此好,没有人敢惹我。如果我不像我认为的那样被赏识,我就会继续前进。我找到新工作从未有过麻烦,因为我是这样的表演者。当我读到GRAFTS的时候,我意识到我的整个在工作方面的表演可以追溯到我大概两岁的时候。
>
> 我是个好孩子——总是给我妈妈正确的答案——但我也知道如何不

出现在她身边，远离她！

虽然我是这样一个表演者，但我一直非常非常**紧张**，我一直表现得傻傻的或滑稽**有趣**。而且，我是个**聪明**的男孩！足够聪明到游戏整个体系。我把整个GRAFTS公式都做完了。

我是银行的"周转"专家：给我一份出了问题的银行的工作，让我发挥我的魔力。但有一次，我玩错了，我太自以为是，我让他们知道我发现了他们的游戏而没有指责。他们把我赶走了——把我踢了出来。我的表演能力实际上挽救了他们——让他们中的一些人免于进监狱——他们以解雇感谢了我。

我沉浸在自我怜悯中，但我下定决心要修复它们，尽管我开始心存疑虑。不只是不诚实；我开始看到，无论我表演得多辛苦，到头来我一无所获。但是当那家公司的总裁几年后被炒鱿鱼时，我还是很激动。

我曾经在一些大人物的书柜上看到一块牌匾，上面写着"原谅和记住"。我记得当时在想："那就是我！"不久之后，我与一些华尔街大佬在纽约开了一家投资银行。我们在北卡罗来纳州买了一个不景气的储蓄信贷机构。最后，在我抓住两位董事购买内幕信息的股票后，美联储收回了这家储蓄信贷机构。许多脏东西曝出来玷污了公司，破产清算以后，我走了。

认可你的GRAFTS带来的问题使你让其他人看起来像懒鬼。而且我完全愿意——或者足够愚蠢到我每次走进一个新的环境，都把它硬带进去，惹怒了每一个人。

有趣的是，我在婚姻中也做了同样的事情。我妻子责备我每一件错的事情，根本没有考虑到我是多么努力把事情都维持在一起。我的整个生活，个人的和职业的，构建在使用我的GRAFTS给周围人留下深刻印象或试图让他们高兴上。我并不知道我就是想让人们喜欢我。

有一天，我听到收音机里的一些话："不要做你应该做的事；做你想做的事。"这让我有种奇怪的感觉，好像我从来没有那样做过。我突然意识到我被困住了。我一生都在取悦那些无法取悦的人。事实上，那些我最努力取悦的人只是吸干了我付出的东西，然后拿着钱跑了。

现在我明白了，我童年也就是这样的。我拼命用我的套路来取悦我的父母，他们对我不感兴趣。但我的套路给了他们完美的结果。我的父母可以告诉他们自己我很好，不需要他们来照顾我。问题是我并不是他们职业方面的某个同事——我是他们的孩子！

GRAFTS 总结

| | 描述符 |
|---|---|
| G | 好的 |
| R | 正确的 |
| A | 缺席的 |
| F | 有趣的 |
| T | 紧张的 |
| S | 聪明的 |

拉里的故事向我们展示了 GRAFTS 是如何深深嵌入到我们的行为中的，然而我们仍然没有完全意识到它们。我们实际上变成了我们的歌舞套路。我们创造了我们的套路，不是因为我们真正是谁，而是因为我们在生命的早期就意识到我们的照顾者对我们的套路会积极回应。正如精神分析学家和儿科医生唐纳德·温尼科特(Donald Winnicott)所说，为了保证安全，我们不知不觉地制造了一个“虚假的自我”，将我们未发展的“真实的自我”埋藏在我们的内心深处。[2] 我们说服自己，我们的照顾者对虚假的自我比对脆弱的真实自我更感兴趣。在没有人照顾我们时，这消除了我们孤独地待在这个世界上的恐惧。但是这个方法只是暂时地起作用，所以我们会在下次感到不安全时重复这个套路。不久，我们就习惯性地诉诸它，就像瘾君子伸手去拿毒品一样。但是，就像毒品一样，每次使用套路都会让我们比上一次少一点解脱。不过，照顾者行为的改善就像对父母和孩子的修复一样，更强化了这个循环。从本质上说，我们被有条件的爱所限制，而不是被无条件的爱所解放。随着时间的推移，这些机制塑造了我们如何与每个人产生关系。

虽然各式各样，歌舞套路有另一个共同特点：一旦选择，它们被不加批判地作为生存技能使用，让使用者无法自发和灵活地对生命的变量作出反应。相反，使用者依赖于相同的技能作为全面的生活管理策略。温尼科特建议，"自我的发展可能牵涉到一种复杂的捉迷藏游戏，它有隐藏的喜悦，但是也有不被发现的灾难"。[3] GRAFTS 就是这样一个游戏。从假性亲密关系来说，一个未成熟的或发育不全的自我被剥夺了选择和能够自发地满足生活的能力。在我们做的任何 GRAFTS 选择中，和拉里一样，我们陷入了每一个新的情况都是一场危机的状态，而每一次的危机都必须用我们的歌舞套路来对付。正如你从山姆和克莱尔，格伦和维姬，汉克和贝蒂的故事中看到的，还有现在拉里的故事，那就是积习难改。

## 抑郁和假性亲密关系

假性亲密关系减轻焦虑的歌舞套路往往伴有绝望和无望的感觉，因为长期未满足的需求和想让事情变好的不成功的尝试。抑郁这个词被普遍使用来描述几乎所有的负面情绪状态，这导致了对真正临床上抑郁症的广泛误解。然而，抑郁常常是受假性亲密关系影响的人的生活的一部分。

在弗洛伊德著名的文章《哀伤与忧郁》中，他提出了一个理论，认为抑郁与无意识的悲痛有关。根据这一理论，无意识是生命中早期不幸经历过的悲伤的存放处，尤其是因失去亲人而产生的悲痛。这种丧失对失去的爱恋对象产生愤怒——自我不能接受的愤怒，导致愤怒转向内部，或"内射的愤怒"。这样就发展成了对自我的攻击和通过把情感转移到内部来否认这个丧失。在重性抑郁发作的案例中，驱动力是毁灭性的；无法深入思考我们的感情，我们变得不堪重负，甚至被情绪消耗，停止运转。但是，停止运转的感觉不会消失。无论我们试图拒绝、否认，或重塑我们的情绪，我们的行动最终将暴露它们。[4]

虽然抑郁能有力地抵御不可接受的情绪，包括焦虑，[5] 其他的机制也可能起到作用来阻止对感受的意识，包括解离，或者，在不太极端的情况下，麻木。假性亲密关系是一种减少焦虑的解离形式，如果不受质疑，甚至会阻碍对令人满意的情绪的认知。然而，如前所述，缺乏意识并不意味着情绪停止存在或停止产生破坏。在现实中，否认的感受和有意识的感受一样，继续在大脑的腹侧系统中被处理。但是否认增加了这样的可能性，就是被拒绝的感受迟早会压倒我们，导致与他人的互动交流失控，我们可能会感到尴尬和羞愧。

这个机制可以和牙科医生用来麻醉疼痛的药物的作用相比较。如果你将药物注射到你手臂的右半部，然后将你的手放入火焰中，你不会感到疼痛，但这并不能阻止火焰燃烧你的手。还有一个危险是，如果没有大脑发出的疼痛警报，你就无法在手伤愈合的同时充分保护手，从而使手处于被进一步伤害的危险之中。

同样，意识不到自己的感受会让我们很容易持续受到可怕的——甚至是灾难性的伤害——痛苦，但不知道哪里不对劲，不知道保护我们自己。由于我们的大脑不能区分急性疼痛和慢性疼痛，这就使问题复杂化了。正如我们不去理会轻微的不适，也不去保护自己免受其后果的影响，我们有同样的能力来阻止对创伤和严重威胁的意识。大脑的保护机制，虽然与我们大脑的意识部分隔离开来，仍然会影响我们，但这种影响并没有被感觉到，也没有被有意识地检验。

投入到假性亲密关系里的强迫性的照顾者经常抱怨感到悲伤、沮丧或精疲力竭。这些感觉可能预示着歌舞套路的作用正在减少。他或她长久以来试图用思维敏捷来超越或忽视的消极情绪正在以意想不到的和无法辨认的形式浮出水面。焦虑开始击垮精心构建的修复者身份，并暴露深深的痛苦。就像汽车仪表板上的警示灯，这个信号可以促使行动来确定不愉快感受的源头，并阻止更多有害的事情发生。我们在孩提时候可能没有学到有关情绪的词汇，但与口语相似，作为成年人学习情感相关的词汇，虽然难度更大，但并不是不可能的。

## 歌舞套路的快速修复

现代医学和药理学已经证明，药物可以成功地治疗感染、糖尿病、心脏问题，和许多其他严重的健康问题。可以说，在处理情绪问题时，我们已经学会了怀有同样的期待。这个方法遗漏的部分是讨论我们为没有感觉到自己情绪而付出的代价。此外，将医疗问题和治疗与精神问题和药物进行比较过于简单化了，例如，因为精神药物不能像抗生素处理感染那样有针对性地精确定位情绪问题。

如前所述，"抑郁"的标签通常适用于几乎任何一种负面情绪，包括正常的、健康的感觉，如悲伤。如果我们习惯性地使用药物来麻痹我们的感受，我们就会危害到发展成完整、健康的成年人的过程。这样，否认情绪的影响就可以与习惯性酗酒、吸毒或赌博的影响相提并论。

然而，药物有时可以在治疗严重的情绪问题中发挥重要作用。除了管理真正的临床抑郁症，抗抑郁药物可以有助于慢性消极情感的管理，使病人有精力并且有动力把注意力集中在处理长期被忽视的问题上。

与这种相信快速修复的背景不同，受假性亲密关系影响的人的歌舞套路变得更加容易理解，甚至更可取。表演者和观众为彼此的不幸做了快速的修复，就像他们为童年照顾者所做的那样。但是消除痛苦的想法，无论多么诱人，都是有问题的，正如同样的原因滥用药物是有问题的；歌舞套路成为缓和的手段，把注意力从情绪、体验和生活经验教训方面转移开，而这些是成为成人的重要部分。随着我们的情感交流变得迟钝，我们失去了关于我们自己和其他人的至关重要的情感信息，导致我们失去了对我们内部和周围发生的事情的注意和反应的能力。真正的生活和爱的可能性被逐渐地、坚决地弃之不顾。

再看看大脑如何工作给我们提供了更多的关于这是如何发生的信息。孩子的大脑可以被塑造和塑形的能力，即它的可塑性("神经可塑性")，允许在大脑中发展路径，使之后来成为假性亲密关系模式的发生地。同样的可塑性解释了为什么孩子比成人更容易学习另一种语言。(大脑可塑性随着时间的推移而减弱，但不会完全消失，以后可以被激活。)具体分析，关系模式可以被视为儿童将自动学习的语言，如果这种模式是儿童生活环境的一部分。[6] 此外，更新的研究表明，无论是焦虑的倾向，还是对某些依恋风格的倾向都会从父母传给孩子，通过社会化和学习而不是完全由生物学或基因遗传的影响，代代相传。[7] 生活在有焦虑和抑郁动力家庭中的孩子会寻找方法来减轻这种动力，以提高他或她的幸福感。成功的时候，他或她将反复应用起作用的技巧，直到其他刺激迫使他或她改变。然而，就像学习一种新的语言和情感语言对成年人来说更难一样，学习一种新的关系语言是一个有意义的，但绝不是不可能的挑战。

## 假性亲密关系与信任

“我不相信她。”

“他在骗我。”

“她会欺骗我。”

“他们将骗走我所有的钱财。”

“我不确定我是否还能相信自己。”

“我过去相信自己的直觉，但现在我不相信自己的直觉了。”

“为什么我想帮助的人最后总是伤害我？”

我们中的大多数人都有过这样的经历，促使我们思考或说一些以前说过的话或问题。但是我们所说的信任是什么意思呢？

对我们大多数人来说，信任意味着相信他人不会撒谎、欺骗、偷窃或以其他方式欺负我们。信任可以建立在第一印象的基础上，或者可以反映出多年来和某人生活或相处发展出的感情。虽然我们的信任可能不是建立在实际经验的基础上，但我们似乎很容易学会对个人或群体“相信对其的不信任”。我们可能在某些事情上信任某个特定的人，而其他的事情则不信任，当某人没有达到我们的期望时，我们会痛心地抱怨。

我们还使用信任这个术语来表示可预见性，一种我们知道我们将得到什么的知识，并且我们可以期望始终如一地得到它。在某些情况下，一致和可预见的平庸被认为比碰运气的优秀更容易被接受，就像价格较低的餐厅，其产品是合理和始终如一的，与此相比价格昂贵的餐厅而评价是毁誉参半的。

因此，从重要意义上说，假性亲密关系的歌舞套路可以也必须被双方信任，因为双方对其的产出投入都高。因此，表演者将忠实地维持表演，而观众保持一定的距离，同时依靠套路的条件进行关注，假装关注，或拒绝关注。

相同地，涟漪和坎坷可以，而且确实打破了假性亲密关系几乎是不能容忍的。在行为概率统计中，“回归到中值”的概念是描述它的术语，听之任之，在不寻常的事发生后，事情会回到接近正常的状态。例如，在假性亲密关系中，一个或两个扮演者可能会表现出不寻常的沮丧或其他的情绪，但这通常扰乱人心，所以很快被压制下来，几乎不想意识到它发生了。一切都迅速回到正常状态，并证实了假性亲密关系套路的可靠性。

## 信任对假性亲密关系的另一种暗示

在陷入假性亲密关系的个体身上看到的一个明显的矛盾是他们对某些类型的痛苦情绪，尤其是对孤独的高度容忍。这可能与之前提到的对感受的意识迟钝有关。事实上，假性亲密关系是对真正联结的一种防御，它驱使个体用照顾他人来填充他或她的意识和时间。悖论在于，为他人“忙碌”保证了他人没有深刻的体验——没有信任或亲密——可以发展。

下面的对话说明了一对夫妇陷于假性亲密关系中的出神状态。表面上，谈话围绕着简单的失望。

他：你对我真的不是很好。

她：什么？好吧，我是。你在说什么？

他：不，你对我不好。你就是对我不好。

她：我就是这样。你就是不欣赏我。

他：欣赏你？就你一直对我这么严苛？

她：对你严苛？我为你做了那么多事，你觉得我对你严苛？

很明显，每个人都对这种关系的动力感到不满，但两个人都不愿意后退一步，并试图找出实际发生的事情。相反，每个人都指责对方的未经检验的观点，而没有质疑他们对假性亲密关系的责任。相反，他们寸步不让，争论一些不明确的"好"的概念。他们甚至忘记了——解离了——对他们过去共同的美好回忆，只选择回想那些痛苦的回忆，以及对方所说所做过的刻薄的事情。这使得每个人都相信他或她已经证明了对方是多么"坏"。

陷入假性亲密关系的人经常与配偶、合作伙伴、孩子、朋友和同事使用这种自我保护的"我对，你错"的策略。他们不叫暂停抽出时间来找出到底发生了什么，而是重新使用头脑闭锁并保持解离。因为当我们处于与坏事第一次发生时的同样的情绪状态时，我们会更容易记住一些不好的事情(状态依赖性记忆)，当我们在打架或感觉不好的时候，也更容易记住不好的事情。不久以后，我们所有的互动都变成了争斗和糟糕的回忆。最终，所有关系似乎都很糟糕，这促使我们发誓不约会或也不发展其他社交关系。

阻碍我们检查自己沟通的焦虑使我们更不愿意去分析别人的沟通。相互信任——除了无意识的信念，认为其他人将遵循一个没有出路的脚本，让我们感到孤独——是无法被看到或听到的；虽然如果被指责有这样封闭的观点，双方可能都会感到震惊。然而，双方都是如此投入认为对方是错误的，他们完全愿意审判、定罪，并处决对方。对他们的沟通模式的简单质疑足以在他们的关系中打开一扇新的大门，但他们对假性亲密关系现状的投入使这种建议不可想象。

在头脑闭锁的人中经常看到的低层敌意，使得他们无法准确地解释别人对脆弱的表达。相反，每个人都很容易将脆弱视为一种消极的性格特征，并将忽略或拒绝此类信号，为隔离提供另一个机会。

接下来的故事说明，当两个人深深地投入到他们的歌舞套路中时，孤独、缺乏信任、失望和沟通问题就一起出现了。

## 西尔维亚和泰龙的假性亲密关系堡垒

一时冲动，西尔维亚(Sylvia)，一个超负荷工作的 911 调度员，决定她和泰龙(Tyrone)需要一个周末脱身去加利福尼亚沙漠的约书亚树村国家森林公园旅行。她明显的动机是她对泰龙的疏远感越来越强烈，她把这归咎于他们忙碌的工作安排。她希望一起外出共度的时光能消除她觉察到的他们之间产生的距离感。

泰龙在青春期药物滥用治疗辅助机构工作。他参加了一个家庭动力的暑期课程，需要完成大量的家庭作业。泰龙告诉西尔维亚，他除了担心在功课之外花时间多外，他对在夏天去沙漠度假的想法并不激动。然而，他还是同意去了，不仅是因为他不愿意让西尔维亚失望，而且他们都喜欢在偏僻的户外环境下做爱。

在蜿蜒崎岖、基本上荒无人烟的道路上开了两小时车以后，他们到达了公园。到那时为止，泰龙对这次旅行的矛盾心理一直保持缄默。然而，当他们进入公园，他一反常态失去控制，并且开始抱怨这次旅行糟糕的时间安排。在后来的夫妇治疗中，泰龙对这次情绪的突然爆发进行了反思，他解释说，他觉得他有权利批评，因为作为这个关系中的表演者，他就是做了一切使情况变得更好的那一个，其中包括向西尔维亚提供他对她如何"提升自己"的见解。在他作为专业照顾者的角色中，泰龙引以为荣的是他努力降低了和某个生活技能不如他的人一起生活的情感成本。

就西尔维亚而言，她熟练地扮演了观众的角色。她允许甚至鼓励泰龙谈论他在学习中学到的东西，并将其应用到她和她的朋友，有时是和家人之间的关系中。她也引以为傲，觉得自己完全明白，为了他们关系的健康良好，她和泰龙什么时候需要去短期度假。泰龙从经验中学到了在这样的时候不要与西尔维亚作对。

在治疗过程中，当泰龙和西尔维亚处理在这个特别的假期发生的事情时，泰龙无法回忆起是什么原因使他突然表达了怨恨的情绪，因为他讨厌在一个特别糟糕的时候被逼离开。但他想起了随后的谈话，首先是西尔维亚说："好吧——我们就回家吧。"

泰龙反驳道："什么？你是控制狂吗？"

当泰龙继续说下去时，西尔维亚陷入了无言的困惑。"我注意到你们家女性一些让人讨厌的方面。你祖母把你祖父牢牢攥在手里。你妈妈剪掉你爸爸的翅膀是什么时候？他们的新婚之夜？还有你的姐姐——不，你的两个姐妹——和她们一起生活的男人显然在很多年前就被她们像蛇一样紧紧缠住了。”

这样的抨击让西尔维亚措手不及，但泰龙为自己的洞察力和能够帮助西尔维亚了解她的家人而感到自豪。然而，当他们后来讨论这个问题时，泰龙发现他的长篇大论的攻击是害怕西尔维亚利用他的表演者角色来逐渐使他变得软弱。

当西尔维亚没有回应泰龙对她家人的批评时，他继续说："我的蛋蛋是钢做的——绝不会让你玩弄于股掌之中。"

西尔维亚停下车，说："再多说一个字，你就从车里滚出去。"

"哦，你在威胁我？"

"滚下去。"

所以泰龙下车了，谅西尔维亚也不敢丢下他，但她真的开车走了，把泰龙留在了沙漠里。当西尔维亚放弃她的观众角色时，表演者泰龙不得不面对在他和西尔维亚精心策划的假性亲密关系里他是多么孤独。

在这次冲突中，泰龙和西尔维亚触底，这使得他们开始打破他们的歌舞套路。

## 按脚本生活直到脚本变为泡影

关系虽然不仅仅只是各个组成部分的总和，但关系仍然是由各个部分组成的。关系是每个成员所带来的一切的混合体：遗传、神经生物、大脑生理动力、家庭动力和家族史，也许最重要的是，从出生到现在的性格形成。同样地，性格也包括个人为避免日常生活中的困难而产生的焦虑从而形成的全部心理防御。像西尔维亚和泰龙这样的人，被视为纯粹的心理防御相互攻击，是建立假性亲密关系的最佳人选。

回顾西尔维亚和泰龙的故事，可以澄清形成和摆脱假性亲密关系过程的关键点。为了逃避焦虑，泰龙要求西尔维亚停留在观众角色上，以确保他显得慷慨和乐于助人。西尔维亚看上去配合表演，减轻了夫妻的焦虑。虽然有些角色扮演可能是假装的，夫妻可能不知道扮演的角色，即使他们可能对歌舞套路睁只眼闭只眼。尽管西尔维亚的背离使他们意识到他们陷入了假性亲密关系中，但头脑闭锁要求双方都要遵循脚本。他们一起精疲力竭，一起跌入谷底，他们承认他们的脚本剥夺了他们共同生活中的自由和自发性。这是恢复关系和建立一个爱和互惠关系的开始。

## 准备好我们的角色

在假性亲密关系中，另一种保持情感距离的有效方法——避免亲密、共情、情感风险和投资——是有意识或无意识地触发熟悉的、根深蒂固的角色，然后一起将它们表演出来。正如我们将看到的艾莉森（Allison）和贾斯汀（Justin），我们实际上可以准备好我们的互动，使他们展开防御，保护我们以免太亲密。

艾莉森：我有一件事想跟你谈谈，这件事发生在几天前的一个晚上，但我不敢说，因为你会攻击我。这和我对我父亲的感觉是一样的。他从来就不想听。他似乎并不想被打扰。他会听我说，然后打断我并接过话题，告诉我他的想法。你就像他一样。他没有一点耐心。但是不是他所说的；他只是看着我，就好像我是一堆垃圾。

贾斯汀：好吧，给我一点时间想想我该说什么，好让我适当地报复一下。

艾莉森：甚至**那个词**也让我感到紧张。

贾斯汀：适当地？**这个词**怎么了？

艾莉森：不是，是报复这个词。这让我很担心，你总是这么说。

贾斯汀：事实上，我只是开玩笑。你似乎很担心我会如何做出反应，那么肯定我会说刻薄的话。这几乎让我觉得有必要以你所期望的方式回应。这就像我被设定成一个混蛋，因为这是你内心深处想要的。这也让我很紧张，因为在我开口之前，我觉得你已经料定了我会像你父亲那样刻薄。甚至在我们开始之前，我已经起了戒心，因为它比实际沟通要容易得多。然后我就搞砸了。那为什么还要麻烦？

角色吸力是用来描述人们是如何从他们的过去中被拉入熟悉的关系角色的术语。[8] 虽然两个人——表演者和观众——认为他们处于新的环境中，但实际上表演者从唤起他或她的负面自我认知的童年中重新创造环境。一种消极共情发生了，观众听到表演者说的话并做出反应，无意识地以表演者害怕观众会做出的反应来应答。对自己的负面看法在观众身上浮现出来，他或她最终会觉得尝试不同的谈话是没有用的。预料到了攻击，观众会针对他或她认为表演者将会说的话采取保护措施，在他或她的记忆中搜寻本周早些时候什么出了问题——预料到会受到攻击——想方设法进行反击。这种方法使观众按照表演者最初说的，他或她想阻止的方式作出回应。两个人都很不开心，也不明白为什么这次他们都在努力使事情变得不同，但是情况又变糟了。

**迈向积极的转变**

1. 反思你童年的有压力的经历。你和你的父母或家里其他人有什么心照不宣的协议，这样家里的事情就会好起来？是什么使协议成为必要？在你自己和你的家庭中，这种心照不宣的协议改变了什么？
2. 反思一下你生活中的一段关系，你认为曾经或正在受到假性亲密关系的影响。可以是和家庭成员、朋友、浪漫的对象，或者是你的工作场所中的某个人的关系。这种关系当时或现在错在哪里？如果可以的话，你会改变什么呢？你将如何开始改变它的过程？（不要因害怕而说“我不知道”。）
3. 你熟悉哪些 GRAFTS 模式？你对谁，如何使用 GRAFTS？

**共情的途径**

- 想想在你生活中的困难时刻，有人伸出手来，给你的感受以空间。那个人是怎么做的？对你产生了什么影响？
- 这类经历对我们人类至关重要。你如何能把类似的经验传给另一个人呢？

# 第二部分

# 开始了解你

## 聚焦于表演者和观众

# 第 5 章　表演者——直觉适得其反，陷入隔离

你总是被告知你是多么的神奇。你似乎总是知道别人的感受，甚至比他们还早。你素有敏感、关爱和慷慨的美名。人们这样说你不足为奇，因为你看上去一直在为你的伴侣做事。你似乎有第六感，在别人想要什么或需要什么之前就告诉他。你回答问题的方式似乎反应迅速，你让人发笑的同时也小心谨慎不会说出任何可能被误解的话。是的，这令人精疲力竭，几乎是个全职工作，但你很自豪地告诉别人："我想做的就是让你开心。"这似乎让你感到被需要和被爱。

表演者真的那么擅长知道别人的想法和感受吗？或者表演者只是对他人未满足的需求有所了解，并填补空白，而不去考虑可能附加的感受？也许对于表演者来说，这种非同寻常的甚至具有诱惑力的去猜测别人需求的能力更像是一场游戏而非其他。或者也许，观众某些隐藏的部分在舞台上的侧边观看，提示正确的台词让他说。

## 卡罗尔和凯特假性亲密关系的故事

花了晚上大部分的时间享受（至少表面上）一顿精致的晚餐后，依偎在沙发上，卡罗尔（Carol）意识到她的妻子凯特（Kate）完全没有感激的样子，这很不寻常。突然，卡罗尔感觉到有事情很不对劲。从她们的关系开始，她凭直觉就完全知道如何取悦凯特，特别是与烹饪相关的一切——或者卡罗尔一直就是这么认为的。

"凯特……"卡罗尔开口说，"亲爱的？一切……"

但是在卡罗尔继续说下去之前，凯特——也许是第一次——站起来，跺着脚，然后爆发起来："我受够了。"

有什么不对的？

卡罗尔和凯特认为她们之间的亲密关系的基础是围绕着食物产生的，因为在她们生命的早期，她们得到的信息都是爱与食物是相关联的。虽然每个人内化信息各不相同，卡罗尔激发了她们的共同兴趣，因为她相信她有非凡的能力来判断凯特对特殊餐食的愿望，并为她准备。然而，她的努力和凯特对食物的接受并不总能给她们双方带来令人满意的结果。

凯特是家里的独生女，觉得她的父母给她硬塞了他们能给她的——主要是食物——以弥补他们不能为凯特提供儿童成长所需的必需品，特别是社交技能。她形容她的父母非常焦虑，并且受到一种模糊的恐惧的影响，害怕如果他们的女儿没有得到适当的营养，就会受到伤害。因而提供食物和营养取代了实际的养育行为。凯特后来把没完没了的食物看作成长的孤独和悲伤的补偿。就凯特的父母而言，他们对于来自女儿的认可和赞同是贪得无厌的。

相比之下，卡罗尔是四个子女中唯一的女孩和最小的孩子。对于卡罗尔来说，"食物是爱"的信息使她在很小的时候就开始培养烹饪技巧，并利用厨艺在她的充满竞争的家庭中索取接受和重视。她的厨艺也帮助减轻了经济困难的母亲和父亲的焦虑。然而，卡罗尔在厨房的专长成为她进行控制的手段，她做饭给别人吃，而自己却不吃。

对凯特来说，卡罗尔坚持做饭给她吃简直令她感到窒息，就像她父母强迫她吃东西一样。她终于允许突破，让她看到了她们共同的歌舞套路是如何伤害她们俩的。凯特和卡罗尔通过不正常的童年角色共同进行的无缝过渡突然受阻。凯特意想不到地拒绝卡罗尔的照料挽救了她们的婚姻。

## 直觉和大脑

直觉的实践在人与人之间非常不同。但是脑科学告诉我们很多关于这种超感官知觉是如何发展的。直觉对表演者的成功至关重要。作为右脑（非语言)能力,直觉在生命的早期开始发展——比语言能力发展到任何复杂的意图或过程早很多年。这是因为婴儿出生时拥有更发达的右脑半球,需要与照料者立即非语言地联系起来。婴儿出生具有的先天素质倾向于某些依恋风格,会亲近一些人而远离另一些人,有更大或更小的弹性。更大的弹性与更安全的依恋风格相关,并具有更强的能力来有效地应对照顾不周。例如,一个弹性更大的孩子更有可能寻求一个比自己父母照顾更周到的代理照顾者,而不是被动地陷于父母产生的假性亲密关系的方式。

左脑,是程式化思维和分析推理的地方,比右脑的发展晚大约十八个月。这意味着,在我们能够有意识地使用记忆之前,我们的大脑已经为一切制定了模式,包括人际关系。在个体说话之前,与假性亲密关系有关的模式已经到位。当这种早期模式受到威胁时,严格的保护机制被运用于维护个人的安全。这种僵化渐渐成为一种察觉不到的习惯——一种叠加,影响与父母、兄弟姐妹和其他人的关系。对于孩子——后来,成人——这种叠加是关键的生存适应,如果没有任何干预,将无限期地继续下去。

当个体进入青春期,他或她无意识、但警觉地应用保护技能防止伤害。在成年期,这个个体成为父母,要求他或她的需要被默默地满足而不引起注意。但是僵化被传递给了孩子,孩子被迫发展出第六感来探查别人的需要——事实上,这变成了第二天性。在不知情的情况下,个体会避开以前威胁过他或她与父母平衡的情况,导致情绪的爆发和不稳定的行为,这些都是孩子所害怕的。起初,这些提示对任何一个不了解情况的人来说都是不明显的,而且可能会像走路的速度、声音的质量(或沉默)或关门的方式一样变化不定。痛苦的经历教会了孩子注意这些信号,并采取必要的措施来规避不愉快的场面。

在青春期和成年期,这个个体可能会发现,先发制人可能会避免更令人不安的遭遇。先发制人不仅不会让你措手不及,反而会让你有时间作好心理准备,实际上还会引发一场更可预见的相遇。又一次,脑科学提供了这些技能如何被铭刻入大脑的功能。

镜像神经元系统最初是被偶然发现的。研究人员注意到,在非人类灵长类动物中,一组神经元能反映出它们可观察到的身体姿势。更深入的调查显示,在运动系统的每一个部分都发现了镜像神经元，即指挥身体各部分移动的大脑区域。神经系统被发现包括一个平台，用于记忆和无意识地整合情绪状态的触发，提示线索，标志情绪状态以及他人的意图——特别是我们生命中的关键人物——帮助获得必要的信息，通过使用来自镜像神经元的基本信息驱动直觉并为共情提供基础，从其他人的行为中对其内在状态作出无意识的决定。

除此之外，某些其他的特殊细胞（称为纺锤体神经元）在整个大脑中的其他细胞组织之间建立起联系，从而构建了支持直觉功能的信息共享网络。还有其他神经元，称为振荡器，帮助协调人们之间的动作，无意识地设计着一直在进行的微妙的舞蹈。这种机制的价值是显而易见的；它为个人的意识提供了可操作的信息，使他或她在逃避策略无效的情况下避免与他人的消极体验。[1]

儿童时期在压力环境中长大的大多数人都具有高度发达的直觉能力。在与别人的冲突中，他们通常带着强烈的偏见、曲解和对动机的误解，进而对他们看待人际关系的方式产生不良的，甚至是致命性的影响。一个常见的例子是，在决定信任谁和不信任谁的时候，他们经常会在两个方向上犯错。这些人不知道他们对他人的理解有多扭曲。他们完全意识不到自己的过滤机制，而且常常非理性地认为自己的理解是对事物唯一正确的看法。这是后患无穷的——让自己完全相信一个扭曲的世界观，并将为之奋斗至死。

如前所述，卷入假性亲密关系的双方的真实感情实际上与对方毫不相干。重要的是，每一方舞伴都要遵守他们的歌舞套路，不要偏离精心设计的、旨在让彼此感觉更好的舞步。当然，一开始，错误的舞步可能会影响到表演——尤其是在一方的直觉没有得到很好的磨练的情况下。一开始，这可能会给对方带来痛苦，但贴心的回应和调整适应的意愿将大大有助于减少最初错误的影响。

表演者的控制需求——要求——对观众产生了具有讽刺意味、未被承认的影响。这导致了对观众的个人品质，以及观众对他们的共同关系可能作出的贡献进行贬低，正如我们在凯特对卡罗尔的“食物就是爱”的套路作出的回应中看到的一样。凯特作为观众的角色和用处只限于对表演者表示赞赏。同样，观众要求表演者，这个案例中的卡罗尔，只限于说和做使凯特感觉更好的事情。在这种优势和权力的地位下，卡罗尔是不允许暴露任何需要或弱点的。因此当表演者角色看起来设定了议程并确定了动态参数，实际上，观众暗中对穿着“为两人做的紧身衣”的表演者提出了相当严格的要求。

这两个角色都是管理或防止意识到痛苦的工具。逐渐产生的情感麻木越来越使表演者毫无准备去认清危险的来临，也无法正确地理解他或她的直觉之前就意识到的双方情绪失调的信号。由于失去了这种能力，表演者无法有效地表达对改变的需求，更不用说做出选择去引起改变，也不能要求重新协商歌舞套路。相反，她要么消除痛苦，要么在逆来顺受中制造自我夸大的受虐的快感。但一般来说，表演者认为他（她）只是想要有用，并得到真正需要他（她）帮助的伴侣的赞赏。然而，正如前面所指出的，因为你不能超越你的感受，能再次感受到痛苦是瓦解假性亲密关系计划的一部分。

虽然表演者的歌舞套路似乎在一段时间内奏效，但下面的故事说明了为什么伴侣之间调整过的交流互动是空洞无用的，具有讽刺意味的是，这样做并不能减轻它旨在缓解的痛苦。可悲的是，通常以双方更焦虑而告终。

## 乔治：不断给予的表演者

乔治（George），一个自称硬汉的中年男人，开始打破掩饰自己感情的虚张声势。他终于能够与他的治疗师讨论当时的情形——当时的感受——他年轻时因一系列与药物滥用有关的罪行而入狱。许多年来第一次，当他紧捂住自己的肚子，泪水从他的面颊滑落。最后，他终于说出了口：“总算能讲出我的故事了，真是如释重负。”

在变成一个粗暴的人之前，乔治一直是个好男人。他是表演者的完美典范。乔治是家里的长子，他的母亲严重抑郁，父亲酗酒又脾气暴躁。在乔治最早的记忆中，他就已经承担了照顾母亲和两个弟弟的重任。虽然他为家人慷慨地付出，但他觉得没有人赞赏他所做的一切。许多年后回想起来，乔治承认，他也觉得没有人给过他任何有价值的东西。他变得习惯于这种关爱严重被剥夺的状态，并为能够经受住它而感到自豪，对他来说，这就意味着坚强。他从来没有想过他是否会愿意接受任何人能给予的任何东西。最后，他确实意识到成为一个好人对他没有什么好处，并且可能还会伤害他。他感到令人厌恶的沮丧，虽然他给予家人的照顾对他们的生存（包括他的父亲的）是必要的，但是这样做似乎并没有改善他在家庭中的地位或赢得任何关爱。“没有人感激我为他们做的任何事——根本没有人。”他说。然而，他却深深卡在了家庭救世主的角色中。

被困在这种情况下的人，得不到任何认可或肯定，往往寻找方法来奖励自己。问题是自我鼓励的满足感不会深入持久。这种情况和自慰或随意性行为无法替代与珍爱的伴侣或配偶的亲密行为一样：在有过这样的体验之后，个体仍然感到孤独并在周围环境中寻找下一次邂逅，希望下一次总能比上一次更令人满意。同时，硬汉的套路让人更难看到自己的脆弱性，持续的高度警觉的状态形成一种阻碍，就像一个战士回家后的行为还仍然像在战场上一样。相比仅仅只是感觉痛苦，让苦恼不安的情绪引领硬汉发觉有问题则是迈出了巨大的一步。治疗中，有一天他的生日快到了，乔治第一次向人透露，当他还是个孩子的时候，他的生日快到时，他的肚子里总是痛得厉害——有时疼到他不得不去急诊室。这时，他全家人都会来医院——这是他们为了他全部出现的唯一时刻——在急诊室把派对带到他的床边。这不仅包括他的直系亲属，而且还有他的整个大家庭。当然，乔治从来没有想过他每年的腹痛发作是无意识地用来操纵他的家人显示注意和关心的一种方法。

想起这个是乔治的耻辱。当他看着自己的家庭生活，他可以看到，他把同样的模式传递给了他的儿子。他的儿子一直是家里的好人，他保护他的母亲和两个姐妹免受乔治酗酒后的暴虐。乔治为此鄙视他——鄙视他成为乔治面对自己父亲的暴怒时所表现出来的那种表演者。乔治害怕他的儿子最终也会感到孤独无援，无法感觉到照顾家人的善行。虽然乔治明白他已经把儿子变成了自己，但他儿子抛弃家人时，仍令乔治不满，深感愤怒。

在戒酒和戒毒十年后，乔治开始意识到他未经治疗的创伤给他的生活和孩子们的生活造成了多大的伤害。他特别震惊地意识到，他的儿子离家出走的年龄就是他第一次进监狱的年龄。当他的儿子喊道“你照顾他们”，当他离开家，留下他的母亲和姐妹们的时候，乔治无法否认他感到的震惊。

到目前为止所讨论的故事主要代表了这样一种情况，即在儿童时期，假性亲密关系的参与者被引导去相信他们对照顾者所使用的歌舞套路成功地让照顾者感觉更好。他们把这种错觉贯穿于他们的一生，向别人提供（或强加）照顾。然而，如果提供的治疗没有修复照顾者，或者，正如在乔治的个案中，如果家庭功能障碍太过困扰而无法对孩子的治疗做出反应，孩子就会被剥夺安全感，导致孩子受到创伤，他或她将在未来与他人的联结中试图修复的创伤。在这两种情况下，孩子在未来的互动中都依附于表演者——照顾者的角色。

可以看出，表演者的歌舞套路——做好人、拯救者，甚至是英雄——都是对焦虑的公然掩盖。在假性亲密关系的背景中，表演者强迫性的歌舞套路通常都是沿着以下路线之一发展的：

- 试图改变照顾者。
- 试图改变自己以取悦照顾者。
- 通过回避照顾者，让照顾者逃过照顾不周的惩罚。在此基础上，儿童假设照顾者的逃避在某种程度上是自己的错，并通过隔离自己来回应。
- 忽略深层的、不愉快的感受或深刻的、消极的经历以避免将个人的焦虑暴露出来。
- 适应关爱被剥夺的感觉，将其理解为自己有多好的证明，从而顺应剥夺。

## 格洛丽亚：面对真相的表演者

在七十岁的时候，格洛丽亚（Gloria）把自己表现成一种自然的力量。她声称，她的精力和青春是“上帝赋予的”，没有经过化妆或美容手术。她发展和维持了一套复杂而又专业的单人舞歌舞套路，并且在成年后的大部分时间里都是这样做的。事实上，她开始表演的最早的记忆是在她四岁时父母送她和她哥哥去参加的完全是消磨时光的夏令营。

她的心理医生觉得这个看似随意的信息有点奇怪。“四岁似乎太小了，不应被送去夏令营。”

她回答说：“那年我们去夏令营之前，我和哥哥被告知我们的母亲必须离开，营地也开了特殊的先例接收我们。当我们从营地回来时，我母亲和我父亲都走了。我的姑姑承担了对我和哥哥的照顾。她要我们告诉大家现在她是我们的母亲——我们真正的母亲去世了，我们再也见不到父亲了。”

之后，格洛丽亚和她的哥哥花了两年时间去适应接受他们再也见不到父母的想法。然而，在某种程度上，格洛丽亚并不买账。“我的直觉告诉我可以把妈妈带回来。”她苦苦祈祷了两年，向上帝发誓，如果她的母亲回到她身边，她在余生都会行善积德，并且会永远照顾好她的母亲。格洛丽亚后来发现，关于她母亲的死亡的故事并不完全是谎言。此外，她还记得医生，她的姑姑，甚至她的母亲和父亲的声音，说她的母亲得了非常严重的肺结核，需要去疗养院，并且不指望她能活下去。几年后，她发现了她长期怀疑的另一部分真相。母亲去疗养院后，她父亲和另一个女人私奔了。然而，她被告知的故事显然是——甚至在当时对她来说——充满了欺骗，彻头彻尾的谎言。

然而，尽管她一直持怀疑态度，但当她没有任何准备时，她的母亲和父亲根本没有任何解释地回来了，她感到非常震惊。她的祈祷，似乎得到了回应。多神奇的力量！这个小女孩一定相信她有这个能力——通过她的希望、梦想和祈祷——使她的母亲重新回到生活中，把她破碎的世界重新拼凑起来。再一次，最早的关系模式在大脑留下了深刻的印记，甚至在孩子通过语言完全理解世界之前。这有助于解释格洛丽亚处理这些生活事件的方式。在这个个案中，结果是，早年经历了母亲所谓的死亡和之后母亲的返回使得格洛丽亚，几乎在七十年后，处理死亡和损失的能力，还像一个四岁的孩子一样脆弱，不完善。

多年后，当格洛丽亚已经完善了她的歌舞套路，她反复证明，她知道如何找到失去的灵魂，需要有人“把他们从死亡中带回来”。她成为一个表演奇迹的表演者。当她第一次进入治疗时，格洛丽亚呈现的问题是，她曾与一个比她小二十岁的躁郁症患者有过关系，他的情绪在自杀性的抑郁和想杀人的躁狂之间波动。到她觉得自己需要治疗的时候，她已经在这种情况下生活了九年半了。然而，当她的伴侣接受治疗时，真正的问题产生了，他的治疗师告诉他，如果他想变得更好，他就必须结束与格洛丽亚的关系。

“想象一下，”她在一天的治疗结束时嘲讽地说，“毕竟我为他做了。”

假性亲密关系背后的经历是，格洛丽亚看到他，并把他从一个无爱的婚姻中拉出来，虽然他的婚姻仍然合法。他的所作所为就像她父亲在母亲住院时所做的那样——在情况变糟时逃走了。然后，格洛丽亚在曼哈顿的下东区为他们俩建了一个爱巢。当她伴侣的抑郁和情绪不稳定没有得到改善时，格洛丽亚扩大了她歌舞套路，把他作为艺人安置在她的专业工作中。然而，由于忽视了他作为一名歌手的不太突出的能力和他破坏性的酗酒行为，他们让自己被排挤出了一个备受尊重的舞台，而格洛丽亚之前曾在那里受到追捧。她开始讽刺地把她的伴侣叫做"比利·辛纳屈"(Billy Sinatra)，开始变得怨恨，感觉他"敲诈勒索了我最好的东西"。

与此同时，当比利·辛纳屈终于开始按医嘱有规律地服药，他的情绪波动开始改善。与此相反格洛丽亚的焦虑水平增加了。多年来，她一直认为她的慷慨挽救了比利·辛纳屈的生活，但他对药物的积极反应扰乱了她对个人和职业生活成功的精心策划的理解。

随着他心境障碍的消除，比利·辛纳屈开始觉得他是那个被"敲诈勒索"的人。他大胆建议，离开自己的妻子，支付自己的生活费是对他们共同生活的值得的贡献。更让格洛丽亚恼火的是，他开始把自己看成是他们戏剧作品中一个有积极贡献的伙伴。格洛丽亚不假思索地驳回了这个要求。"哈，根本不是这样。比利·辛纳屈已经敲诈和利用了我所提供的最好的东西——现在他威胁要离开我，留下我一个人孤独又空虚。"格洛丽亚坚持认为只有她才能做到这一点。更糟糕的是，现在，在剥削她这么长时间之后，比利·辛纳屈说要和一个年轻的女人在一起，就像她生命中所有的男人那样。

格洛丽亚的故事说明了作为一名表演者在假性亲密关系中的必然结果。在她第一次照顾她的照顾者的那几年里，格洛丽亚对她遇到的几乎每一个人都做了同样的事情。结果是，她被周围的人慢慢耗尽了心力，同时，除了她能为他们所做的一切，她否认了他们本身的任何有意义的价值。这样的做法不断地重复驱使其他人离开，包括可能的般配对象。再次被独自留下的威胁迫使表演者格洛丽亚去审视隔离和怨恨的过去，那是当她独自一人时，似乎总是会发生的情况。经过长期的治疗，她开始意识到她的歌舞套路并没有对她的观众有好处。在她开始把自己那些忠实的追随者称为“行走的伤员”时，治疗出现了重要的转机。

## 表演者的全能信念

认为表演歌舞套路能解决自己父母问题的孩子产生了一种误导性的能力感——甚至觉得自己无所不能。然而，如果不知道行动起作用的原因，孩子就缺乏了解自己和其他人之间发生的事情所需的信息。相信自己能让父母高兴或解决他们的问题，就会导致错误的自我假设——认为自己有才华、聪明、重要和有趣——甚至成熟。这样的孩子会因错误的事情而得到奖赏（如过分地照顾别人，做啦啦队队长，或者马上但不合适地承担责任去解决问题），而不是因正确的事情得到奖赏（如表现出意识到要平衡自己的需要和他人的需要，明白界限，学习建立边界，容忍挫折，或抑制反应）。此外，这样的孩子不太能够从失败中吸取教训。因此，孩子塑造的自我形象和与其他人联系的风格，是为了适应其成长的令人困惑的环境，导致孩子对现实，特别是社会现实作出误导性结论。

得出这样的结论是因为个体迫切需要确保自己的安全。以此为出发点，孩子开始相信，必要时可以用自己的特殊能力去修复父母或照顾者。相信这种特殊的能力将对孩子的个性发展产生重要的影响。孩子将不仅对照顾者，而且会对其身边的每个人都使用这种能力，让他们保持快乐——至少，是和这样做的人待在一起的高度自我选择的一群人。

## 表演者朱迪：还没有聪明到表现聪明的时候

五岁时，朱迪（Judy）是她严格的院士父亲的快乐和娱乐的无尽源泉。她知道父亲所有问题的答案，她的机智和聪明使她的文法学校的同龄人印象深刻。她的聪明歌舞套路（GRAFTS 的 S）在朱迪升学到高中和大学时继续使用。在她的职业生涯中，她被迫以自己的聪明不仅给她的同事，还给她的丈夫和孩子留下深刻的印象。

当朱迪无法摆脱向别人证明自己的需要时，问题就出现了。她不得不成为总是知道正确答案的那个人。在这个过程中，她失去了向别人学习的能力，也无法意识到自己的错误。这让朱迪感到精疲力竭，并对她与朋友、同龄人和家人的关系产生了负面影响。朱迪上了大学，开始了她的职业生涯，她身边的人，包括她的上级，都不难感受到她的聪明，但她不断地需要领先于他们就变得乏味和烦人了。在一个希望每个人都能发挥能力的工作场所，朱迪想要得到认可的要求对她的同事产生了恼人的困扰，贬低了他们在团队中所起的作用。

朱迪也开始失去家人的赏识。当她对待家人的方式越过了界限，变成控制、操纵，甚至贬低的行为，家人抱怨他们感觉受到了侵犯和虐待。

极端需要操纵和管控他人的人通常被认为会产生毒害作用，突显了假性亲密关系的动力对没有直接参与的其他人模糊而有力的影响。它的影响可以决定谁得到工作，晋升，或第二次约会的机会。渐渐使人疏远了他的所有朋友和同事。在这个个案中，假性亲密关系的动力是，基于取悦父亲的童年的生存套路，最终可能会过滤掉朱迪重要而有意义的亲密关系的可能性，而朱迪从不曾知道有这种关系的存在。

## 需要他的观众陷入角色的表演者

表演者经常会发现，无论投入多少精力，管理人际关系的套路并不像他或她认为的那样有效。事实上，表演者有时会感觉到他或她实际上是在不明白原因的情况下把人推开。

哈里（Harry），一个极端的表演者，强迫照顾周围的人。他终于被迫接受治疗，他的关爱似乎产生了消极的反应和怨恨。他的故事很好地例证了假性亲密关系如何像毒瘾一样产生影响；它让人感到解脱——甚至是一种欣快感——但也产生了更多相同的需要。而且，就像对一种物质成瘾的情况，随着耐受性的建立，照顾变得越来越疯狂，以达到所需的解脱水平。这种机制有生理基础，新关系的兴奋所产生的大脑中的“化学性奖赏”永远不会像早期的关系那么好。初恋的一些光彩和兴奋消失了，但是对最初兴奋的记忆会让我们回头寻找更多，希望能重复这种感觉。有时这会导致自我毁灭的行为。在某些人身上，严重的童年时期的悲痛会导致身体对痛苦的处理方式发生变化，使他们甚至从自残中去体验快乐。在这些人中，适当的警告系统已经受损或关闭，加强了表演者和其他人之间的隔阂，并导致一种无意识的认知，认为其他人是被控制甚至拥有的物体。

现在，回到哈里的故事。哈里试图以修复与他结婚的女人来治疗他的焦虑。“给予，给予，给予，直到产生伤害”可能是他的座右铭。哈里，一名四十五岁的工程师，在婚姻遇到危机时来接受治疗。他担心他的妻子，也是他在工作中遇到的另一位工程师，在他们的关系中，似乎变得越来越冷漠，没有感情，并且顺从，一切都听从他的。

哈里觉得他足够明白，把妻子的情绪和行为与她所说的痛苦的成长经历联系起来。对于像哈里这样的表演者来说，这足以暗示他开始自己的歌舞套路。这些套路是精心设计的，包括 GRAFTS 的行为，成为好的、正确的和聪明的。当他的治疗似乎改善了她的心境，他变得兴高采烈，感觉他的成功使他自己的生活很有价值。他的职业成就和妻子对他的尊重更加鼓励他投入时间和精力来处理妻子心境的问题。

当哈里在工作中没有被提拔晋升时，他指责新来的女性主管歧视，情况发生了糟糕的转折。在随后的权力斗争中，他丢掉了工作。哈里从未发生过这样的事；他习惯于成功，被周围的人所喜爱，认为自己几乎是不可战胜的。丢掉工作对哈里的自尊心和安全感都是个打击。

当他的生活脱离了轨迹，哈里求助于他的妻子，令他感到沮丧的是，她没有准备照顾他，也没能表达对他的情况的感受，而这些都是一个忠诚的生活伴侣应该做的。她一直依赖于他的支持并做一个好观众，但她在他们关系中的投入不包括他需要她的积极支持的情况下愿意转换角色。事实上，她无法表达她理解他失业造成的危机。她只是越来越多地用典型的空洞的眼神盯着哈里，这种眼神掩盖了她自己压抑的情绪状态。她肯定没有准备好的歌舞套路去让哈里感觉好些。她从来没有扮演过表演者，并且被锁定在她的极为麻木的观众角色中。

意识到自己基本上是在孤立地面对着这场生活危机，哈里勃然大怒，感觉自己被利用、背叛和遗弃。对妻子来说，哈里的愤怒促使她第一次让自己意识到哈里瞧不起她，认为她是受损的和低人一等的。

在他的治疗过程中，哈里发现他曾让他生命中所有重要的女性振作起来，从五岁开始——那一年，他的母亲患上了一种疾病，常常使她身体虚弱，无法陪伴孩子。母亲越来越少的陪伴和她的情绪状态使哈里很害怕，以至于他成为了她的照顾者，他甚至为她准备饭菜，和她睡在同一张床上。作为她的小男人使哈里感到安全、重要，甚至像一个成年人。这种角色的扭曲一直持续到哈里离家去读研究生。同时，这也使他的成熟过程复杂了，包括成长过程中需要的，比如与同龄人、长辈和权威人物建立与年龄适当的关系。这些未完成任务的影响使哈里在工作场所和在亲密关系中的尝试都受到困扰。哈里渐渐意识到，他并没有选择一个他可以视为同辈或准备成为他的伴侣的妻子；他选择了一个能接受他没完没了的照顾的人。

随着他们关系的恶化变得明显，哈里对妻子冷淡地遵守他所说或想做的任何事情感到困惑。无论如何，他们在彼此生活中的位置反映了他与他的母亲的关系。他的妻子希望他一直主演表演者，当他的表演出现瑕疵的时候，她退缩了。但是，即使明了这一点，哈里还是不明白他和他的妻子都憎恨他们为对方所扮演的角色。实际上，哈里需要他的妻子成为他的观众是令人不愉快的——就像意识到他们创造了一个场景，只会让他们因没有满足对方的需要而感到愤恨。

哈里震惊了；然而，他能够了解到他的伤痛和恐惧，这就足以让他能够——也愿意——把这看做一个机会之窗。在那一刻，他能够重新审视他被孤立的过去，并看到他在其中所起的作用。他认识到，贯穿他们的婚姻，除非在他被极度逼迫的时候，他禁止他的妻子（更多的是通过行动而不是言语）对他有所助益。他明白了他突然陷入绝望是明确他妻子失败的一种安排。

通过这种领悟，哈里愿意解除控制，邀请他的妻子与他一起重新开始他们的关系。起初，他妻子不情愿地接受了这一邀请，后来变成了一起探索他们困难的过程。他们没有把他们之间的关系和把彼此看作是一个需要解决的问题，而是开创了一个过程，在这个过程中，他们既可以评估自己的问题，也可以评估自己的优势(包括个人的和共同的)。他们最终利用这个新发现的信息建立了伙伴关系，并惊奇地发现他们已经成为盟友。

在本章中，我们已经看到了极端表演者的例子。他们表面上的慷慨表明他们需要与爱和关心有关的情感保持距离。在本书的第四和第五部分中，我们将找到化解这些疯狂模式的方法，并找到一条摆脱假性亲密关系陷阱的道路。

**迈向积极的改变**

1. 因为没有人愿意做，你会发现你被指望为别人做事，不管是含蓄的还是明确的，你做些什么？
2. 在家或在工作中，你是否觉得别人期望你能收拾烂摊子？举例说明并讨论它让你感受如何。
3. 在为别人做事之后，你是否有时会感到不满意甚至愤恨？举例说明。
4. 当你的伴侣不开心的时候，会不会让你担心事情可能会分崩离析？这对你有什么影响？为什么呢？
5. 你求助有困难吗？你知道为什么吗？当你请人帮助你完成一项任务或一个个人问题时，举例并详细说明好的和坏的结果。
6. 你的恋爱关系似乎很快就开始了，然后以或多或少相同的方式瓦解了吗？举例说明是什么导致了这些关系的结束。

# 第 6 章　观众——抗拒关怀

你简直不能相信你的运气。你坠入了爱河。这一次，你知道就是这个人。他或她为你疯狂，甚至在你意识到之前就照顾好你的每一个需求。你感到充满希望和活力。你被无微不至地照顾着，而你的新伴侣总是给人一种聪明、乐于助人和风趣的感觉。你终于遇到了一个能让你的生活变得美好的人。有了这个伴侣，你就永远不会孤独，他或她将能够依靠你来给予他或她想要和需要的爱和支持——永远。

如果这听起来耳熟能详，你正把假性亲密关系直接注入到血液和大脑之中。这下注入的是大脑化学物质的混合物，包括多巴胺、加压素、谷氨酸盐、催产素、睾酮和其他激素——或者，用不太专业的术语来说，注入了纯粹的快乐和安全感。

作为观众，你也可能觉得表演者正在消耗你的精力，或者你们许多谈话都围绕诊断和修正你的缺点。有时候表演者看起来几乎是吹毛求疵，但通常你感到感激和宽慰，有人在你的生活中是如此关心你的福祉。这种完美的伙伴关系怎么了？一直示好有什么错？几乎不可避免的是，这种关系会适得其反，事情开始瓦解。如果关系是如此美妙，为什么会发生这种情况？

尽管从外表看它如此棒，但过了一段时间，对伴侣双方而言都感觉不太好。你的表演者伴侣开始觉得没有受到充分的赏识。事情开始感觉变成平面的，平得像硬纸板剪的图样，而不是立体鲜活的。你的伴侣常常默默地怨恨。你开始觉得自己像个被俘虏的观众，生活在一条不能走自己路的单行道上。感觉被冻结住了，不能有效地战斗或逃跑，你大脑的恐惧系统正在耗竭。你到达了临界点，因为事情已经不一样了。你需要休息一下。有些事情需要改变——而且要快。有一天你会鼓起勇气说，尽管事情看起来很好，但你没有得到你想要的。你曾试着表达在你内心不断形成的感受和需要，但是它们被忽视了。所以现在你觉得你不再希望它们被忽视。

已经改变的是，与日俱增的自主和个性的需要超过了你享受表演者套路的需要。你发现你对伴侣的表演内心感到焦虑和畏缩。你再也无法认同你的伴侣，你开始逃避，想知道是否整个事情是幻觉或是错误。你什么时候放弃了你所有的权利——你在这段关系中的发言权？你疑惑，我被引诱了吗？背叛了吗？控制一切的人是谁？你不可能猜到，你的整个与他人沟通的方式就是旨在产生和维持这种模式的。这是你的歌舞套路，让你感到安全，使你免受你的情感、情绪和过去未满足的需求的威胁。

你——观众——开始把否认放在一边，并审视真实的关系。表演者开始看起来像个控制狂。你开始怀疑，除了慷慨和爱之外，所有的表演的动机是什么，所以你觉得被出卖了，在对表演者和你自己的愤怒之间犹豫不决。有时，对自己的困惑和厌恶明显的生理症状表现为恶心或头晕，你可能会感到失落和悲伤。

就像表演者一样，观众也会因为对防御系统的投入而感到痛苦，这种防御系统的目的是为了让他或她保持孤立和孤独，但是观众是在一种永不满足的需要中表现这种投入的，需要与能够治疗、修复或拯救他或她的人建立联系。当这两个人找到彼此时，他们就为真正的共同生活设计了一道不可逾越的屏障。他们共同创造和维持一种安全的分离状态，旨在排除与他们无法控制的世界的自发互动。在这个孤立的假性亲密关系系统中，观众可以去检查。如果观众偶然发现表演者自己设计的歌舞套路不能满足他或她的需要，观众就会提示表演者改变套路。当双方同意所进行的安排时，其结果是一个共同设计的迷宫——他们生活的框架——退出迷宫似乎是不受欢迎的，但他们渴望退出，这样他们就能够过上真正的生活。

## 梅极端的观众

“我大喊大叫。没有原因,他在给我们女儿换尿布,我跑到他后面打他。我告诉他我要报警。我把孩子从他怀里拉出来威胁他。但他什么也没做。他什么也没做。”

对梅(Mai)来说,这一幕令人惊讶。她的歌舞套路正在消失,肯定不会陷入混乱的感情纠葛之中。虽然当时她并不知道,但她已接近谷底,再也不能执行她的套路,她感到孤立和绝望。有了这个机会之窗,梅和她的丈夫格伦,有机会复活他们的爱情。

梅总是安静地、不事张扬地坐在后排座位上,必要时完全消失。她把自己边缘化作为一种艺术形式,尤其是在亲密关系中。她让别人去表演,而她却默默地幻想着自己逃跑的情景。但这次,她莫名其妙地对她丈夫大发雷霆。

梅出生在日本海海岸附近的一个农村,她父母的婚姻是包办婚姻。梅出生时先天畸形,在当时通常导致过早死亡。然而,在她的父母放弃了对梅的生存的希望时,一位东京外科医生同意来到他们的村庄进行一项创新的外科手术,给梅带来了正常的预期寿命。

在大多数家庭,这场悲剧变成奇迹将被认为是喜庆的事情。然而,梅的奶奶认为梅的出生是不吉利和羞耻的。她因为梅的母亲把有缺陷的后代带入家庭而羞辱她,奶奶一直这样做直到她去世,当时梅十二岁。

就像当时的许多日本人一样,梅的奶奶、父亲和她父亲的两个兄弟姐妹在二战中遭遇了严重的创伤和饥饿。在这个背景下以及奶奶的传统宿命论的世界观,一个不尽如人意的孩子的诞生被视为一个诅咒,被归咎于梅的母亲。心理健康专业人士把这种家庭负担称为代际创伤或跨代传承。

虽然从来没有临床诊断,梅的母亲在整个过程中严重抑郁。梅对母亲情绪状态的反应仅仅是看她母亲作为受害者的表现。只要有可能,她就消失不见,为的是避免加重母亲生活中的负担和悲剧。一个别无所求安静的孩子,她得到了她想要的东西。她承担痛苦甚至煞费苦心地在家里占据尽可能少的空间,并且模仿她的母亲，几乎不吃东西。

梅很成功地疏远了家人和不快乐的家庭。她推断，安静地照顾母亲的痛苦是不会有什么回报的。但梅感觉到其他一些事情也不对劲——他们家族史上的一些事情比她意识到的更多的涉及到她。不幸的是，她不知道是什么事，也不知道如何弄清楚它是什么。

当她十八岁的时候，梅的直觉得到了证实；她的母亲告诉她，她为她的生活、婚姻以及她有缺陷的孩子而诅咒众神，她认为自己应该接受她婆婆不断的虐待。当她的母亲透露了这个故事，梅对她的母亲大发雷霆（如在本节开始，她对她的丈夫暴跳如雷一样）。不久之后，梅离家去了东京，在那里她把危险行为付诸行动。她最终不得不离开这个国家。最后到达纽约，梅下决心要开始新的生活。一段时间后，她与母亲和父亲取得了联系，他们不知道她在东京的生活方式，很高兴得到她的消息，他们乐意给她提供任何他们可以做到的帮助。

由于梅能说一口流利的英语，她成功地申请了纽约市的一个备受尊敬的社会工作项目。以优异成绩毕业后，她在无家可归的妇女收容所找到了工作，这些妇女的病史包括精神病和化学物质依赖，她开始作为一名心理治疗师进行私人执业。一段时间后，梅遇见了格伦，并爱上了他。女儿在他们结婚不久就出生了，但是她过去未解决的问题却在他们的家庭生活中造成了严重的紧张局势，她难以应付作为妻子和母亲的新生活。她感到困扰，害怕她对丈夫的吸引力取决于她是否愿意在他们家里维持安静的、小小的角色，就像她小时候为了避免加剧她母亲的创伤而做的那样。事实上，她已经开始产生一种自然的恐惧，害怕在别人的戏剧中被限制于被动的观众角色。

在治疗的过程中，梅意识到她的歌舞表演套路已经失败了；她的丈夫并没有被她基于观众角色的消失表演所吸引。当梅让自己与人保持距离时，她的丈夫开始担心她不能在他希望他们分享的生活中拥有平等的伙伴关系。她的丈夫也拒绝接受梅抵触用她过去的经历和情感问题给他增添负担，相反，让她惊奇的是，他渴望在养家糊口的生活选择中两人平等地分担。

梅情绪的爆发是对她和她丈夫敲响了警钟。通过一起进行治疗，他们开始认识到，每个人对待对方都设计了基于孤立思想的行为，而不是基于公开的对话和共享的经验。

## 观众如何运作

观众的角色可能比表演者的角色更原始，但它可能更强大。虽然表演者的行动多种多样，观众可以说是为假性亲密关系设计的角色，是假性亲密关系过程的基础。正如我们所看到的，一个表演者的动机是害怕世界分崩离析。观众同样害怕童年的不安全的世界，但通过欺骗父母进入某种照顾活动来处理这种恐惧。如果这个策略失败了，当父母证明无法提供安全感时，观众就会求助于从关系中偷偷溜走（抽离）的第二策略。因此，观众的缺席是保护其不受无能的育儿行为所造成的不安全感的影响。

当她的家庭生活变得无法忍受时，梅采取了这个策略。当她年龄足够大时，她就逃离了她的家庭。她在很小的时候就学会了这种行为，那时，她大脑中处理情绪的边缘系统就学会了从她母亲的情绪状态中保护自己为了生存而撤离的策略。

讽刺的是，这本书中的例子可能表明，观众比表演者更有准备去管理痛苦的情绪。当然，观众的策略通过保持距离、阻断连接和共情来提供更多的操作空间。事实上，观众可能会从一个表演者转向另一个表演者，只是几乎没有意识到每一个都在习惯性地重复着歌舞套路。观众的另一个优势是，表演者往往是一个准备向观众开火指责的大炮。这些指责的推动力通常是当观众不能满意地完成其角色时，表演者产生的焦虑，通常是没有对表演者的照顾表示足够的感激。然而，观众没有留出空间来反思他或她在失败的关系中所起的作用。表演者的指责很方便地为观众从关系中撤出提供了充分的理由。

## 莎拉和爸爸的事情

“我总是在经历他的考验。”莎拉（Sarah）抱怨说，她已经是快四十的人了。“我去找爸爸时总以为他愿意帮助我，他想听我说，他关心我的事。但相反，他以一种怪异的方式退缩，并最终又搞爸爸的那一套。”当被要求进一步解释时，莎拉告诉她的治疗师下面的故事。

当莎拉二十五岁的时候，她母亲被确诊癌症晚期，八年后去世。莎拉，一个有一个孩子的已婚的专业教师，变成了她母亲的主要照顾者。“从我记事起，对他们两个，爸爸妈妈来说，在某些方面，照顾他们始终是我的角色。然而，我真的不是万事都能搞定的人。我更多的是在那帮助与支持，他们要我跳，我就跳。”

虽然一开始听起来不像，但从一开始莎拉对她的父母就扮演着观众。“但是，当我想到这一点，我觉得我做了所有我可以为他们做的——无论何时何地只要我能帮上忙——我与他们两人的关系真的远远不止是参与这个疯狂的想法，认为他们是照顾我的人——提供照顾、支持和实际上是有效的养育。”

由于母亲死于癌症，莎拉也有得这种病的风险，她找了一位基因顾问，发现她的确携带高风险基因。她对母亲的长期患病的记忆加深了她的恐惧，在此期间，父亲的那一套以一种她无法忽视的方式抬头。当她的母亲生命垂危的时候，莎拉要做的一部分工作是使她的父亲觉得他好像才是真的要照顾莎拉和她的母亲的人，即使他并没有这样做。除此之外，莎拉还担心在她死后谁去照顾她的父亲、丈夫和儿子。

她被吓坏了，她发现自己在自动驾驶状态下生活，就打电话给父亲。她告诉了父亲从基因顾问那里得到的信息，并谈到了她的焦虑。他的回答是：“莎拉，亲爱的，你是一个好人。”他用非常柔和的声音重复了几次。

在这个时候，她作为观众要做的是回应他的支持，好像他实际上是在某种程度上有所帮助的。但是莎拉意识到这是不对的——也许总是不对的。这让她想起了每一次，长久以来，她都不遗余力地让她的父母觉得好像他们帮助了她。

父亲的回答不仅没有给她以安慰，还勾起了她令人心寒的记忆。在母亲生病期间，她父亲常说：“莎拉，亲爱的，你妈妈是个好人。”这句话总是令她困惑并激怒了她。

“那样说与什么有关？”她在接受治疗时问道。“他想说什么？他相信是个好人就能挽救任何人或任何事吗？好？坏？谁在乎啊？那样说如何让任何人感觉更好点呢？”她继续回忆她童年时付出的巨大努力，使她缺位的父母感觉像是有效的照顾者。

她在治疗中表达了这些看法后，补充说“无论如何，我在得到消息时所关心的是我会活还是会死”。她还不能问自己，为什么她期待她的父亲有不同的看法——她明知道他不提供——从而使自己进一步失望。爸爸的那一套，她看到自己开始表现出来，现在她需要照顾和支持，这是她精心设计的游戏的一部分，目的是帮助她的父母对身为父母的自己感觉更好。也许这个套路甚至会让她父亲显得像一个真正的父亲。

尽管对父亲的反应非常难过，但莎拉最初还是强迫继续她的歌舞套路，假装她父亲为她提供了有意义的支持。事实上，她继续以她自给自足的自然状态掩饰她的真实感情。她知道，在内心深处，她能让自己感觉好点的唯一办法就是让别人——她的父亲和丈夫——感觉好像他们在帮助她。这被证明是有用的，这有助于分散对她自己的健康问题的注意力，并掩盖了她的恐惧，在她的生活中，她没有人可以指望。

莎拉的选择让她感觉好点了吗？在某种程度上，但这不是真正的重点。爸爸的那一套（使人相信他是一个有效的照顾者，而他不是）让她可以少去担心一个人。她总是觉得父亲和母亲的关系在崩溃的边缘。与此同时，他们需要相信，承诺在一起是对她有帮助的。

同样，莎拉觉得她的父亲会崩溃，不再做她的父亲——不管她为他作为父亲的表现设定了多么低的标准，她还是害怕——如果她告诉父亲他现在和在她母亲生病的时候都帮不上忙。

当她重温这个故事时，莎拉所抱怨的爸爸的那一套结果就是一个歌舞套路，其中爸爸扮演了配角，而莎拉则假装他是办事有效的。具有讽刺意味的是，他认为自己对妻子和女儿有用，这样的想法就要求他继续否认他们真正遭受的痛苦。经过检查，莎拉明白了她和她父亲处于假性亲密关系中，并承认她并不觉得和他很亲近。事实上，亲近他的想法引起了与她母亲的死亡有关的负面情绪。虽然她的观众角色分散了她的注意力，让她不再想从父亲那里想要和需要得到什么，但这也让她感到孤独。但既然她意识到了自己的防御套路，莎拉选择挑战和丈夫的现状（而不是和她父亲的现状），并且去面对他们在日常生活中如何重复这种套路。

莎拉坚持要她和丈夫重新评估他们的关系。这使他们明白了他们歌舞套路的问题，然后建立了一种关系，在这种关系中，莎拉感到可以放心地放弃她的孤独，这样他们两个可以共同面对她的健康问题。

## 找到替罪羊

观众和表演者一样都牢固确立自己的角色，尽管观众的角色似乎是被动的，其实不然。观众的花招是让表演者去表演，直到伪装失效，暴露出他或她不是一个好人，而是一个坏人。这使观众满意地相信自己一直都是好人。

思考一下主动和被动的攻击形式。那些以被动攻击的方式操作的人通常会暂时逃脱惩罚，甚至是以主动攻击的表演者为代价，当观众只是观看时，表演者往往会升级为疯狂的照顾。对这种行为的一个常见的曲解是，双方可能都很有见地，认为他们正在为童年时遭受的伤害得到应有的赔偿，而忽视了他们的关系一直停滞不前。

观众的目标是找到一个替罪羊成为关系中的主角——开始时。然而，观众一直都隐蔽埋伏等待表演者犯错误，这样当关系中哪里出错时，表演者就会受到责备。通过这一切，每一方都在使用自己选择的技巧照顾对方，以满足自己感觉更好的需要。

观众的技巧来源于童年时期用来处理主要照顾者议题的策略——无论该策略是淡出背景直到消失，还是从家庭生活中分离出来以应对痛苦。观众的天赋在于掌握这一策略，让其不被人注意。通常，照顾者的缺席为观众的角色设置了舞台，使孩子的缺席成为对照顾者的缺席的正确反应。

在梅和她的家人的个案中，梅正确地理解了她的母亲需要梅消失，如果她没有抱怨缺乏父母的照顾或说了些表明家庭中出了问题的话。在她缺席了一段时间后，表达想要见到家人的愿望变得可以接受，如果这类愿望很少被表达，或被顺从地表达，而且没有任何指责的迹象。事实上，梅比她或她的家人想象的要愤怒得多。在这一无言的协议中，表演者的歌舞套路是由观众她自己的一种看似被动而又互惠的套路，以相同的步调来满足的。

## 玛丽・乔为除颤器除颤

玛丽・乔(Mary Jo)开始有充分的理由相信，她的性魅力对一种特殊类型的爱人来说就是一种心率转复除颤器。起初，当她的丈夫罗伯特(Robert)开始抑郁时，这就是玛丽・乔为什么会认为这就是我的一种挑战的原因。罗伯特也知道这是真的，但不一定明白他知道。

罗伯特在与玛丽・乔的关系中扮演的角色是支持她、相信她可以在任何可能感觉到的方面照顾他，这是他在重演在他父亲的生活中扮演的角色。当罗伯特还是个小孩子的时候，他的父亲失去了工作和婚姻——都可能与药物滥用有关——由此让他生气和焦虑。他的怒气成了罗伯特的心率转复除颤器。在他的童年，每次追忆不在身边的母亲时都让他感到伤心难过，而父亲攻击性的长篇大论把他从自哀自怜中拉出来。罗伯特肯定他的父亲知道他愤怒的爆发对罗伯特就是一剂药。然而，罗伯特有一个不可告人的动机；他非常害怕，如果他让他的父亲知道他是一个糟糕的父亲，他的父亲会像母亲那样离开他。

同样的感觉迫使他持续不断地表演，好像他妻子所谓的性魅力能使他摆脱消极情绪。然而，在某种程度上，罗伯特并没有依靠她作为那种人类的抗抑郁药，那种能在他感到低落时启动他心跳的表演者。但是，他们两人表演的歌舞套路确保了他们不会形成相互依存的关系，这种关系会在他们之间产生平等，当关系破裂而不是如果破裂时，会造成毁灭性的损失。

玛丽・乔的父亲是一位成功的投资银行家，她的母亲是一个雄心勃勃想挤入上流社会的人。他们把养育孩子(玛丽・乔和她的两个哥哥)的重任留给了一群被称为“帮手”的陌生人。玛丽・乔形成了复杂的性诱惑套路，在她高中和后来的生活中，这对十几岁的加利福尼亚冲浪男孩非常奏效。性一直是她在杂乱随意的生活中用来维持某种表面上的控制的武器。但是，当涉及到她的父母时，这些套路永远不能给她的父母带来任何快乐，也不能引起他们的任何兴趣，这导致她把她的歌舞套路加倍表演，达到狂躁、疯狂的程度。

不过，罗伯特是她那充满诱惑力花招的最佳人选。在他们交往的最初几年里，一直到他们的婚姻生活中，罗伯特是玛丽·乔所渴望的那种锤子适合的钉子的合适人选。当罗伯特响应他父亲的建议时，情况发生了变化，他的父亲经过十二步骤治疗法恢复了健康，罗伯特也开始了自己的十二步骤治疗。在罗伯特与妻子的关系中，参加治疗就是改变游戏——也就是打破游戏规则。"专注于你自己"——这是他十二步骤治疗团体的一个关键口号——被证明是对罗伯特的观众角色以及他和他的妻子之间默契的巨大挑战，妻子完全依赖他来保持理想化的照顾角色。

罗伯特把注意力集中在自己身上，并清点了他对婚姻目前所面临问题所起的作用，他认识到他对玛丽·乔的被动照顾从表面上看是由于他对被遗弃的长期恐惧而激起的，害怕玛丽·乔也会像他母亲一样离开他。与此同时，罗伯特开始意识到，他自己的歌舞套路是一种制造情感距离的手段，也是他在假性亲密关系中扮演观众时控制自己(并延伸到玛丽·乔)所能承担的亲密度和情绪化风险的一种手段。

### 迈向积极的转变

1. 在亲密关系中，是否必须有人照顾你？描述你的需求。它们是你真正的成人需要还是当你是个孩子时，你的需要？请详细阐述。
2. 你有没有发现自己被其他人当作小孩对待？你害怕面对这种行为是因为你害怕他们会离开你吗？提供一些你生活中的例子。
3. 你有没有发现你喜欢在一段关系的早期被照顾，但过一段时间后又开始讨厌它？你怎样表达你的憎恨？
4. 你是否有时表现得好像你的父母很好并且是可以接受的，即使他们并不是这样，只是为了让你感到安全？你能描述一下你的行为吗？
5. 从成年人的角度回顾你的童年，你还记得你小时候所得到的照顾不是你所需要的吗？你还记得你因为害怕让某人或某事厌烦而不敢开口吗？
6. 你有时会为了不要结束关系而让别人相信他们是对的吗？感受如何？

# 第三部分

# 后台

## 假性亲密关系的内部运作

# 第 7 章　模式与陷阱

既然你已经清楚地了解了什么是假性亲密关系，以及关键的参与者：表演者和观众，是如何困在他们的歌舞套路中以防止生活分崩离析，现在是时候解决保持假性亲密关系的内在机制问题了。你将开始看到打开头脑闭锁的可能性，并将明白几乎可预见的秘密陷阱的模式，粉碎累积的痛苦、解离、恶化的怨恨和强大的防御。有时在令人不舒服的关系中，让人高兴的停顿给表演者和观众开了一个绿灯，意味着一切都很顺利。随着更多危机的出现，这些起起落落加深了假性亲密关系。

当两个角色扮演者都遵守剧本时，假性亲密关系就会兴盛。这是阻止信任、互惠和亲密关系发展的决定性组成结构。显然，隐含的协议是为了避免弹性，这种弹性为双方互相让步提供了空间。然而，那些渴望亲近的人却产生了假性亲密关系。最终，隔离带来的深深不适以及对爱和被爱的渴望会引发朝着健康变化的行动。有了承诺和诚实，假性亲密关系的盔甲就会被拆散，为康复开辟道路。

## 摆脱假性亲密关系：建立慈悲的共情

慈悲的共情是从假性亲密关系中恢复关系的核心原则。注意慈悲和共情之间的重要区别，以及当它们联合起来可以做些什么。共情是对另一个人的观点和体验的感知。它把知性的理解，或认知的共情，与另一个人的感受结合起来，而没有假装“我知道你的感受”。

慈悲是采取行动改变他人生活条件以减轻其痛苦的道德和伦理义务。它要求认识到另一个人的痛苦，并对其做出反应，这就需要采取步骤来减轻其痛苦。然而，慈悲不需要共情所暗示的那种深度的联结和理解。一个人可以富有慈悲心，同时保持与他人的生活经历的不产生联结。事实上，需要避免过度的共情，以防止持续的慈悲带来的耗竭——这种状态有时被称为慈悲疲劳。慈悲包括对自己的怜悯，这促使我们保护自己，避免过度认同和失去适当的自我关爱感。

慈悲的共情，把共情与慈悲放在了一起，但包括了对他人经历的更大的感受性。作为一个共享的、关系性的动力，它需要双方的参与。这就是它为什么以及如何成为假性亲密关系的解药。对慈悲的共情简单的理解使我们超越了共情，具有了道德和伦理义务，双方都能行动起来，改变彼此的生活条件——减轻对方和自己的痛苦。因此，慈悲的共情有协同作用；它是一种力量倍增器，在这种情况下，共情产生慈悲行为，而慈悲则起到缓冲作用，防止过度共情的风险——如麻木、耗竭和退缩等。

把慈悲和共情结合起来，我们就能在没有歌舞套路的复杂情况下进行联结。慈悲的共情是建立在互惠基础上的——这是我们与我们生活中的人共同做的事情，而不是为了他们做的事情。慈悲的共情把两个或两个以上的人带到安全分享彼此经历的地方，特别是高度紧张的情感纷争和问题。这就产生了一种共同拥有所遇到的问题的感觉，对任何一方都没有危险。

没有了相互性，共情就会要求一个人太多，使他或她失去自我感，变得不堪重负，甚至憔悴不堪。这种自我的丧失，或者对丧失自我的恐惧，从一开始就导致了假性亲密关系。如果一对夫妇没有应用慈悲的共情，他们就有可能再次退回到假性亲密关系中。使用慈悲的共情，通过强化保持相互关系所需的技能，重新调整他们的动力关系。

**慈悲的共情的平衡**

| 缺乏共情 | 慈悲的共情 | 过度共情 |
| --- | --- | --- |
| • 麻木的<br>• 与外界脱节<br>• 生气的 | • 平衡自我和他人之间的需求<br>• 互惠的<br>• 共同承担关系中的情感责任 | • 过度联结<br>• 过度的自我牺牲以至于忽视了自我 |

续　表

| 缺乏共情 | 慈悲的共情 | 过度共情 |
| --- | --- | --- |
| • 愤慨的<br>• 自私的<br>• 除了自己的观点外，不能采纳任何观点 | • 能沟通而避免迷失在他人的需要和情感中的风险<br>• 互惠排除了置之不理的需要<br>• 调整共情 | • 因他人而忽视自己的需求<br>• 因为过度认同他人，感觉受到伤害，有时会遭遇创伤<br>• 无法考虑自己的观点 |
| 假性亲密关系中的观众 | 真正的亲密关系 | 假性亲密关系中的表演者 |

没有慈悲的共情，亲密关系就无法发展。没有亲密关系，爱情就有枯萎消失的危险。将亲密关系的技巧边缘化，可能会让那些在假性亲密关系中的人感到安全，但代价是失去了与人联结的满足感和体验。投入这种情况被称为“头脑闭锁”。在头脑闭锁状态，没有东西进入，没有东西出来，也不能容忍新的东西。不用说，要保持头脑闭锁，并维持假性亲密关系，共情和慈悲必须被完全排除。

陷入假性亲密关系的人很少会自己意识到这一点；他们没有意识到选择了假性亲密关系或它的影响。他们投入假性亲密关系的重负阻止了他们意识到，参与修正他人的痛苦实际上是一种以自我为中心的技能，用于阻止他们意识到自己的痛苦。发现并面质这一机制对恢复关系至关重要。

某些文化产物，尤其是随意的互动方式，强化了人们保持距离。我们习惯询问彼此“你好吗？发生什么事了？怎么了？”但我们当然不会期待——不想要——一个答案，或者至少是一个有意义的答案。否则，我们可能要处理邻居的感受和体验，谁有时间做那个？然而，我们的文化活动安排中的这些标志高度暗示了我们对共情的阻抗，甚至更多的是对慈悲的共情的阻抗。

## 剖析防御

个体发展防御系统以应对潜在的势不可挡的焦虑，无论这些感受来自于个体内部还是外部环境。以同样的方式，歌舞套路从行为上隔离了强迫性的表演者和观众与他人的关系，防御系统总是扭曲了我们看待自己的方式，用术语来说就是基本的身份认同，以及我们认为我们在工作中、各种关系和生活中的普遍能力。就像计算机木马病毒一样，我们的套路将我们自己和他人隔离开来，同时似乎将我们聚到一起——完美的深层伪装。

可以理解，我们坚持我们的防御，因为它们起作用。问题是，它们不再有用之后，我们仍然出于习惯坚持防御。这是条件反射的指示，反映了在变化中大脑的特定区域被激活。由额叶皮层驱动的灵活的神经过程（从解剖学上讲）转移到大脑的某些区域，如腹侧纹状体，这与更严格的自动反应机制有关。当这种情况发生时，分析复杂的环境和事件的能力被推入不显著的位置，有利于不受管制的杏仁核活动，从而抑制或丧失对情绪，如恐惧的细微反应的能力。

更仔细地观察这些机制，研究人员想知道孤独的人对陌生人的反应是否与他们身边的人不同。向受试者显示了陌生人和他们身边的人的图像，看看孤独是否与腹纹状体活动的差异有显著性相关。他们发现，当孤独的人看到他们身边的人，但不是陌生人，他们的腹侧纹状体更活跃，表明亲密的可能性产生了尝试重新联结的更大的驱动力。

假性亲密关系中的人陷在一种破坏性的情境下，他们被同时拉向多个方向，在心理上和关系上四分五裂。当无意识地把别人推开，加强他们的孤立和孤独时，他们也被驱使去寻求亲近和亲密。当两个（或更多）在假性亲密关系中的人在做形式不一样而实质相同的事情时，情况就更加复杂了。

康复过程包括恢复识别、检查和剥夺防御的能力，以便为自我反省创造足够的时间和心理空间，并利用大脑的神经塑造能力发展替代战略，以处理自己和假性亲密关系中的焦虑，从而建立更大的弹性。

我们的防御是如此的强大，它们可以

- 限制自我意识；
- 调整我们与他人的关系；
- 影响我们如何做出选择，以及导致
- 最终成本比它们省下的高。

高度焦虑通过以下方式加强防御

- 损害高级脑功能；

- 降低大脑灵活反应的能力，也就加强了防御，降低了可塑性；
- 增加了自动反应模式的使用，以及
- 使我们周围的人焦虑升级。

因为表演者和观众的防御都是在社会环境中发展起来的，所以最好在社会环境中学习新的方法。一个广阔的背景将需要一个不同于旧版的歌舞套路的适应方式，它将帮助表演者和观众抛弃坏习惯和误解，重新学习灵活性和开放性。心理治疗是开始和加强这种实践的有益环境。

## 邦妮试图在思想上超越她的感受

“你认为当他最终把我赶出去的时候，我就将孤独终老吗？”邦妮（Bonnie）问道。她是一个中年妇女，和一个比她年轻得多的男人约会。

“不，”她的治疗师温和而坦率地回答道，“有太多受伤的鸟在那里需要你的帮助。此外，他又是一个似乎喜欢和对他要求很少的女人在一起感到安全的人——没有亲密的需求，事实上，你根本没有任何要求。”

沉默。当惊愕和愤怒很快从邦妮的脸上掠过的时候，泪水夺眶而出。

“我从来没有和一个没有虐待我的男人在一起过。”她轻声说。

“从来没有？”

“不，不是从来没有，现在我想起来了。我的第一个丈夫，Matt，他爱我。他永远不会伤害我。他希望我们有孩子并且快乐。他活着是为我服务的。”

“他怎么了？”

“我不能接受。这一切感觉太不同了，太陌生了。他似乎缺乏自信。他想了解我。那肯定不会发生。我毁了那段婚姻。那时我真是疯了。我对他很粗暴。和我在一起的其他人都伤害了我，但出于某种原因，我总是觉得与他们在一起安全。”

邦妮的故事突出了一个重要的主题。你的思想无法超越你的感受。不管我们喜欢与否——是否意识到这一点——我们的情感在我们的行为和互动模式中表现出来，尤其是与我们最亲近的人。对于不自在、压力、愤怒、恐惧或任何我们认为是不可接受的情绪状态的感受尤其如此。无论这种感觉是合乎情理的还是理性的，都没有丝毫的区别。重要的是我们感受到了。不想被自己和他人所知，这样通过产生导致矛盾和困惑的心理盲点使问题恶化了，因为我们被强烈的情感所影响，而我们被训练去忽略这些情感。

邦妮和她的治疗师修通了一系列她失败的关系，揭示了她的感受是什么，她如何浪漫地宣泄她的情感。在与观众一长串重复的表面上亲密、浪漫的关系中，表演者邦妮一直在寻求、困住、俘获并修复最难对付的男人。只要邦妮仍然愿意继续修复她遇到的男人，她就不需要担心他们中的任何一个转向她——感情上转向面对她，并真正想亲密地了解她。通过她与她的伴侣活现的歌舞套路，她最终紧张地保护自己远离那些她自己从未接受过的事情，她潜意识地对自己一无所知。任何真正想了解她、与她分享生活、与她生活在一起的人，都必须被抹杀并被驱逐出她的生活，因为——接受她如她所是——他会打破平衡，拒绝与她一起建立头脑闭锁。而这种接受是亲密关系的全部。

然而，邦妮的一部分想要结束这种疯狂，这种感受迫使她去完成一项不可能完成的任务。在被上一个无法治愈的病人抛弃后，邦妮几乎立即跳进了另一段假性亲密关系中，她有时把这个病人称为“男朋友”或“丈夫”。在治疗师的帮助下和她开始接受自己，邦妮正在建立共情，允许亲密进入她的生活。也许她正被另一个人，治疗师照顾，她的防御系统开始终结；她把它们掀了个底朝天。

邦妮能够从她那久经磨砺的解离所阻止的东西中恢复。我们都需要为人所知。人类有一种被别人和自己所知的基于生物学上的需要；它是情感和身体生存所必需的，是我们与生俱来的。当一个扭曲的生存机制，阻止我们为人所知，比如照顾者传达给孩子，他或她的需求大于孩子的，这就产生了双重束缚，把我们被照顾和被保护的需要与强迫进行照顾和保护混为一谈。在假性亲密关系的情况下，被随意地为人所知是不允许的。然而，我们的情感和深层需求需要表达，坚决不会允许自己被否定或被思维所超越。

## 同情、共情和亲密

假性亲密关系系统的一个重要方面是同情替代了共情，这类似于对怜悯和慈悲的误解。邦妮在她的康复之路的关键领悟之一是，她是如何选择一个又一个男人，在很大程度上，基于她对他有多可怜。在治疗中，她意识到这是同情，而不是共情。共情比疏远的，更安全的，有时甚至比高人一等的同情需要更多的情感和脑力工作——就像拍拍别人的头。共情是指通过回忆自己对相同或相似感受的体验，来深刻地体会他人的感受— 而假性亲密关系旨在阻碍共情。

记住这一点，让我们回到邦妮的个案，她回忆起和她现任伴侣马科斯(Max)以及她和她的前夫马特(Matt)的谈话——他威胁着真正的亲密——说明了同情和共情之间在内容、感情和语气上的区别。

马科斯：听着，亲爱的，我很抱歉没能赶上你的演出；我因为丢了工作而心烦意乱。我对自己很失望。我想，这一次，我能成为，你知道的，我们关系中的一个贡献者。

邦妮：我知道。我知道——我明白这样的事已经发生了，马科斯。你知道，我爱你，接受你，就是你现在的样子。

马科斯：所以你不生我的气？你不打算把我赶出去？

邦妮：不，我已经说过一千次：我就爱你本来的样子。

马科斯：我的上帝，你对我这么好，我只希望有一天我能报答你为我所做的一切。

当然，作为一个表演者，邦妮是不会同意他这么做的。在这次谈话中，邦妮再次让未来的情人摆脱困境。通过同情他的失望，她让他们俩都可以不受任何要求而安然无事——甚至是较低的要求——除了不用真正的亲密来威胁对方。这样做起作用了。

在邦妮讲述她与马科斯谈话的细节中，她明白了她是如何利用同情心来避免让他对他的行为、他对他们关系的承诺以及他在她生活中的存在负责——换句话说，她在谈话中避开了共情的威胁。然而，这一启示使她想起了她与前夫的最后一次谈话。

马特：邦妮，我最近一直很难过，我感觉你要离开，我想知道也需要知道是什么让你感觉如此疏离。

邦妮：什么都没有，马特。你就是瞎想——我很好，我们很好。我保证一切都好。

马特：我知道这不是真的，邦妮。为什么你不让我走进你的心扉？我们分享了这么多。你告诉我其他男人怎样对待你，我向你保证我不会伤害你。既然我们已经这么亲近了，当你把我拒之于心门之外的时候，你认为我不知道吗？

邦妮：你谴责我要把你拒之于心门之外，马特，这就是伤害我的原因。为什么你不让我一个人待着？

在这次谈话中，马特使用了共情，他愿意用他自己的关心、爱和脆弱的感受去接近他所爱的女人。考虑到如果她要是敞开心扉，他的妻子会对由此产生的亲密关系产生多么不利的影响，这是很有风险的。但他正确地意识到试图接近他的妻子是在浪费时间，他的妻子已经结束了他们的关系。邦妮扭转了局面，反击他的共情，咄咄逼人地辩解说，通过共情，她已经向这个几乎成功接近她的男人敞开了自己，让自己付出了过高的情感投资。在这之后不久，马特就无法忍受他和他爱着却痛苦地感到疏远的女人之间的距离——尽管他们睡在同一张床上。

## 乔和史密斯博士探讨共情

“我不知道出了什么问题，”治疗师史密斯(Smith)博士说，“在与乔(Joe)进行了产生惊人成效的治疗一年之后，整个过程似乎陷入了僵局。”

“为什么是惊人的？”史密斯博士的督导师问。

史密斯博士开始描述在乔接受治疗一年后，他如何开始敞开心扉，谈到他接受治疗的真正原因是什么。虽然他很不情愿，但他最初还是同意接受治疗，是因为他的伴侣曼尼（Manny）告诉他，如果他不这么做，曼尼就会离开。曼尼不再愿意和一个疏远而封闭的人生活在一起了。由于乔的治疗是被迫的（并不是成功治疗的最佳设置），乔和他的治疗师都没有特别地投入到治疗中去。

史密斯博士告诉他的督导师，令人惊讶的是，乔没有打算这样做，但他在治疗中开始真正的投入。史密斯博士最初对乔感到有些客观的同情，但实际上并没有真正以共情的方式为乔呈现。但现在乔的进步开始要求共情。

感觉到治疗师缺乏真正的投入和共情，乔情绪化地抵制他的治疗，这使得45分钟的疗程变得越来越难以忍受。但是有一天，乔突然开始谈论在他十二岁时父亲发生了可怕的事故。事故导致父亲严重残疾，实际上结束了他作为一家之主和养家糊口的角色。即使进行了多次手术和全天候护理，他再也不能生活自理。

事故立刻改变了乔的家庭生活。他的母亲，一个拉美移民，突然从家庭主妇和母亲变成一个残疾人的全职照顾者。乔的角色也发生了巨大的变化，他成为家庭的副主管。这包括他要照顾成为照顾者的母亲。虽然乔当时不知道，但这次经历使他坚强地下定决心，决不再被困在这种情况下。

曼尼是乔第三个男朋友，他威胁说如果乔在他们的关系中还那么封闭，他就会离开。最后，乔接受了挑战。

史密斯博士发现自己面临着类似的挑战。他的督导建议，如果他要为乔提供有意义的治疗，他就必须和乔一起进入状态，而不是从看台上观看。所以他接受了挑战，并重新调整了对乔的治疗方法。

起初，乔与史密斯博士的下一节治疗似乎没有什么不同寻常——但是史密斯博士没有意识到他的督导对他的影响。他赞同与乔的关系需要改变，他潜意识地从一个自我保护的姿态、同情式的距离变成了对他的来访者诚挚的共情。在咨询过程中，史密斯博士毫无征兆地突然感到胃部疼痛。他的眼泪一下子涌了出来，当时乔正在详细描述在父亲的工伤事故以及这一巨变之后他失去双亲支持的情形。

史密斯博士开始感到非常难受的丧失感——但并不是乔的丧失。通过与乔的共情联结，史密斯博士回想起自己的祖母令人难以承受的突然离世，在他父母频繁的出差时，祖母承担起了照顾他的角色。三十年后，他像乔一样，意外地发现自己在为童年时期一次毁灭性的失去亲人而哀悼。史密斯博士愿意重新体验自己的痛苦，最终使他以乔所需要的方式为乔提供了帮助。

为什么是史密斯博士，而不是乔，觉得这种情绪的转变像内脏受到冲击？简而言之因为乔一直没有意识到他的痛苦和悲伤，直到史密斯博士重新链接到他自己的经历，才为乔提供了一个安全的、共情的环境，在这种环境下，乔才能够让自己感受到痛苦。这个新的链接创造了一个空间，可以容纳每个人对自己和对方都难以忍受的情感。

史密斯博士说："我不由得相信，我内心深处的悲伤，有些是属于你的。"这番话引得乔哭了——这是几十年来他第一次哭。

出于安全的不投入的客观同情，史密斯博士可以告诉乔，在早先的咨询中对他的感觉有多糟。然而，当他们的交流进入共情时，史密斯博士再次体验了自己的痛苦，这使他能够与乔一起分担他的痛苦。共情的体验打开了不确定和脆弱的令人恐惧的领域，使得乔和他的治疗师都能被另一个人所知。

## 什么是亲密关系？

正如在邦妮与马特的谈话中，以及史密斯博士和乔之间正在进行的共情性联结中所看到的，亲密关系是两个人之间情感上的联结，让我们和某个人分享我们的感受、想法，以及所作所为，和这个人在一起，我们的日子才真正过得投入又有规律。亲密感是一种与他人亲近的感觉和生活体验，因此在很大程度上他们涉入到彼此的私人世界。亲密关系让人分享令人钦佩的、受谴责的和羞辱的事。但亲密并不是迅速告诉亲密伴侣一切的结果；这是生活的不断展现和分享，出现在当伴侣明白逐渐地、易产生伤害地揭示彼此的真相，在这个过程中还待在一起成长。亲密超越了人际关系中的个体，成为关系在漫长而迂回的过程后步入正轨的一种形式。

由于亲密威胁假性亲密关系模式的稳定性，假性亲密关系的防御姿态所产生的关系没有亲密的空间。因此，对于所有投入到一个歌舞套路中的精力，唯一能带来的满足感就是让参与者从被要求仔细审视自己和彼此中解脱出来。这让假性亲密关系的参与者感到被对方所欺骗，形成一种指责的格局——要么责备自己，要么指责伴侣。这就是为什么慈悲和共情是重要的原因之一；他们提供了有助于消除报复需要的工具。从更深的层面上看，研究表明，慈悲能够提高大脑自身重新配置到更积极的冲突解决模式的能力[1]，没有慈悲的更为理性的指导，共情会产生自身的风险，这将在后面的章节中讨论。这种重新配置反映在大脑活动模式的变化以及细胞水平的重组中，包括在某些情况下，大脑区域的增大与正念和慈悲功能有关。

如前所述，从假性亲密关系产生的孤立和不满产生了自相矛盾的结果，是由于使用语言和姿态表达共情，而这些姿态的使用者保持与对象的安全情感距离。每个人都认为他们在努力做正确的事情，但什么也没有起作用，没有人知道为什么。

## 困惑和感到受骗：改变的迹象

人类拥有了共情和慈悲的能力，这种能力超越了做善事或做我们应该做的事情的能力。没有共情，我们的世界是一个自我创造的幻想之地，在其中我们根据我们在别人身上观察到的行为模仿感受，或者更远距离地根据电影或电视中看到的——我们假装我们应该感受到，而忽略我们真正的感受。同样地，我们与他人的联结只会模仿我们所观察到的我们认为真正彼此联结的人们之间的行为。

在第5章，讨论了镜像神经元促进了模仿，这是儿童社会化以及我们（和其他物种）相互学习的关键。通常，进化使模仿成为一件好事。例如，当一只猿猴学会如何获得一种食物时，另一只猿猴观察并吸收这一新的知识，这将迅速传遍整个群体。

在假性亲密关系中，我们通过模仿学到的从容变得反常，这样无用的知识就像野火一样蔓延开来。人为建构的行为实际上加深了我们与他人间的令人困惑不解的隔离。然而，我们深知有些事情是错误的，但却不能指出它是什么。我们不是表达我们的困惑和寻求帮助，而是压抑我们的困惑感，从而拒绝可以帮助我们走出这个迷宫的信息。

正如前面提到的，假性亲密关系的一个共同特点是感觉被欺骗，因为一方给予的比他或她得到的更多——或者认为事实是这样的。这对表演者和观众来说都是成立的，尽管表演者的付出更捉摸不定和明目张胆。双方都没有把这一套路与他们小时候学到的，让他们的照顾者感觉更好，让他们的世界感觉更安全的技巧联系起来。在这种情况下，激烈的情绪，如愤怒和焦虑，阻止更高级的中央脑区发挥良好的功能，导致不耐烦、恼怒，并损害了反思的能力。此外，这些激烈的情绪“劫持”了大脑的杏仁核[2]，从而干扰并停止了客观地评估发生的事情的能力。

表演者和观众所忍受的日益增长的不满成为爆发性的痛苦，感觉到套路不再起作用了。他们不再能很好地平衡表演者和观众之间的冲突感受。虽然当时可能感觉不太好，但这种痛苦是表演者和观众意识到关系失败的机会之窗。

**迈向积极的改变**

1. 定义和区分慈悲与共情。
2. 描述你在当前或过去重要关系中的慈悲和共情经历。
3. 解释慈悲在掌控共情中的作用，以防止一个人被夸张的情绪状态所束缚。

# 第8章 成长路上的趣事

对表演者和观众来说，解除头脑闭锁是一个令人畏惧的挑战。他们有一套完善的规则，规定了在他们的关系中什么是不能发生的。每个演员似乎都提供了另一个演员所需要的东西，但是如果一个人改变了规则，那么一切都会乱套。每个人剧本的改变所引发的危机可能导致瞬间感觉到被忽视、愤怒或两者兼而有之，从而产生被抛弃的威胁，和阻止理解他们之间到底发生了什么的大脑活动。

## 史蒂文和劳拉之间的斗鸡博弈

“我要走了。”史蒂文(Steve)对劳拉(Laura)大叫。

“哦，是吗？如果我不把你打到门口，你是不会走的。”劳拉喊道。

也许这听起来像是前恋人之间的对峙，他们的关系已经进入了终结阶段。但别被愚弄了，这只是这对夫妇的歌舞套路的另一场排练。对于这段关系来说，这不是真正的威胁，因为他们显然不会分手，但仍需要继续说他们会分手——这是一个需要帮助的信号。他们确实有机会说：“什么是规则”和“让我们改变规则”。当他们愿意改变规则时，他们就走上了复原之路，但这还没有实现。

事实上，史蒂文——表演者，劳拉——观众和某个时候的表演者，都很沮丧并有点不正常的喜出望外，因为他们再次遇到了彼此的对手。两个人都在威胁要从他们的歌舞套路中退出——停止对彼此看到的问题进行治疗。两个人都由衷地相信，如果对方承认有问题，并屈从于治疗，一切都会好的。

丹(Dan)和乔琳(Jolene)介绍了史蒂文和劳拉认识，并相信他们的关系将会是天作之合，短时间内看上去也的确如此。但在约三个月后，史蒂文和劳拉无法忍受失望。他们没有友好地撤出，而是把自己封闭在痛苦中继续为丹和乔琳表演，就好像他们仍然是天造地设的一对。为什么？他们过早地结成了终身伴侣；他们的依恋系统被设置成像一个捕获—保存关系的捕鼠器一样。他们的歌舞套路一拍即合，所有的指针都飙升到假性亲密关系的红色区域。

史蒂文进入哈佛商学院很激动，在那里他遇到了丹，并成为好朋友。他们都来自中产阶级的爱尔兰天主教家庭，在长岛的两端长大，都是纽约喷气机橄榄球队的忠实球迷。他们都在享有盛誉的金融机构中工作并表现出色。史蒂文的成功使他能偶尔拿钱孝敬他的父母。

史蒂文努力工作，投入了大量的加班时间，几次恋爱失败后，他仍然努力，却一直没有遇到"那个她"。另一方面，他的朋友丹遇到了乔琳，坠入爱河，结了婚，生了两个孩子，在长岛买了一栋房子。

劳拉和乔琳来自于小岩城的中上层阶级家庭。劳拉回忆说，她父亲的生意占用了他太多的时间，以至于他从来不在家。她母亲待在家里，成为一个家庭主妇。劳拉是三个女孩中的长女，在小岩城一个健康保险公司工作，因为她看到她最好的朋友搬到纽约市，就偷偷担心她永远不能离开家。劳拉的公司把她调到纽约市时，劳拉和乔琳都很激动。

在史蒂文和劳拉相遇之前，他俩各自告诉丹和乔琳他们是多么羡慕他们的婚姻。这促使乔琳向丹建议，他们应该鼓动史蒂文和劳拉之间的会面。于是他们四人在曼哈顿的一家餐厅会面，只过了一小会儿，四个人都意识到了史蒂文和劳拉之间的化学反应。聚会结束时，劳拉悄悄地告诉乔琳，史蒂文"真了不起"。

几乎马上，史蒂文和劳拉就形影不离了。他们外出、制定计划，并将彼此介绍给朋友和家人。每天晚上他们总是兴奋得睡不着觉，史蒂文经常告诉丹这是"物有所值"。

问题开始浮出水面，似乎是一场小规模的拔河比赛，看两人中谁在为对方做更多的事情;哪一个是表演者以及哪一个是观众。两人都感到他们察觉到对方有一种熟悉的缺乏欣赏感。而缺乏欣赏破坏了他们过去各自的关系。三个月后,两人的蜜月期结束了。

史蒂文喜欢对与他约会的女性表现出骑士风度,但发现许多女性认为这是控制或支配。他对此的看法是,她们根本不明白,他只是想帮忙。

在劳拉的经历中,与她曾经交往过的男人在与她交往到一定程度时常常会对她说:“嘿,你又不是我妈。”有时她的乐于助人导致她被称为一个爱唠叨或聒噪的人。劳拉的感觉是,那些做出这种反应的男人要么心胸狭窄,要么不够聪明,无法意识到这是好事,“简直是踩了他们的尾巴”。

这样的感情碰撞了三个月之后,史蒂文和劳拉不再觉得他们是天作之合了。从外面往里看,我们可以很容易地看到,假性亲密关系的头脑闭锁把他们维系在一起——或分开。双方都知道良好的关系需要付出努力,但他们在他们甚至有机会了解对方之前,已经沉浸在自以为是的正义感之中。他们在彼此之间找到了好的对手,可以与之对抗过去所面临的不公。

对于那些不寻求逃入假性亲密关系的人来说,这本会预示着有些事情是错误的。因为史蒂文和劳拉成长的过程中都以我们之前讨论过的方式误解了关系,他们错过了关键信号,并保持了导致冲突的轨迹。但这就是重复痛苦的家庭剧的完美环境。起初两人在关系上感到隔离,尽管他们都为没有得到他们想要的认可而感到沮丧,但还是驱使他们继续为对方做事。

当史蒂文和劳拉去接受治疗的时候,他们进行斗鸡博弈已经快一年了。史蒂文和劳拉卡在假性亲密关系的头脑闭锁中,他们不是看谁将先进行改变,而是强迫地互相帮助,却过于自尊,不能违反他们的歌舞套路规则。周期性地互相威胁要离开是这个套路必不可少的,就像在斗鸡博弈中两辆汽车都加速朝彼此行驶一样。但是史蒂文和劳拉对于爱以及报复性的愤怒和无力面对自己的弱点都感到困惑。当他们继续参与,他们的博弈变得如此纠缠,以至于他们看不到在套路的哪一部分结束,又在哪一部分开始。

把所谓的爱情和威胁与愤怒区分开来几乎是不可能的。他们被锁在他们自己和彼此的看法中,多年来根本没有为从假性亲密关系的隔离和防御中恢复而留下最根本的要素空间：意愿——成长和改变的意愿，没有任何保证，接受我们自己和伴侣本来样子的意愿。

在假性亲密关系的面前，一起接受治疗是一种希望的迹象。随着史蒂文和劳拉的治疗进展，这一点点希望确实发展成了意愿，愿意识别他们的假性亲密关系陷阱并从中恢复。

## 让人看到弱点

迄今为止，明显的是，假性亲密关系不会使其参与者更好地调整或更快乐。事实上，尤其是成功的表演者认为他或她已经修复了观众，并正在挽救关系，因此，承诺不让事情改变。这是通过大脑的活动来证实和维持的，大脑活动使个体能够保持已经确定的和熟悉的反应和行为，并在安全依恋模式中稳定下来。因为有来自外界的威胁，甚至是质疑的压力，这种模式会导致个体更有决心，使这种模式更加僵化，更难被抛弃。然而，这种脆弱的僵化并不能掩盖表演者和观众生活中的恐惧和隔离，这导致了生活在假性亲密关系中的人的模糊不安的感受。

然而，失败并不被有意识地认为是一种选择。那些投身于假性亲密关系的人完全致力于他们的歌舞套路中的好、坏和丑陋。下图说明了在假性亲密关系中的人选择背后的绝望。

**假性亲密关系：好的、坏的和丑陋的**

| 好的 | 坏的 | 丑陋的 |
|---|---|---|
| 我的焦虑释放了 | 有些东西感觉不太对 | 我独自郁闷 |
| 我的套路起作用了 | 我的套路没有得到正确的回应 | 没人欣赏我我独自承担责任 |

可以看出，好的不是真的好。当假性亲密关系起作用时，对生活和爱情的开放式体验被断然排除。能感觉到糟透了那实际上是好的。情绪的真实体验——任何情绪，包括孤独、恐惧或暴怒——会让你的歌舞套路被注意到它接近剧终了。但这不是失败，这是结束头脑闭锁的开始，你终于可以摆脱假性亲

密关系陷阱了。

毫无疑问，假性亲密关系的熟悉陷阱会再次抓住你。熟悉的旧感受和信号可能是诱人的，会再次尝试把你带到贬低你并且和别人疏远的道路上，这样你就会感觉好些。不过，如果你读这本书到这儿了，你已经开始明白你所熟悉的东西是行不通的。有意识地，我们都需要生活就像我们脚下的地面将承受我们的重量——相信世界可以是一个我们可以生活得安全的、稳定的、公正的地方。

## 一个公正的世界?

这个想法——甚至是一个假设——这个世界应该是公平的，或者说公正的，[1] 从我们小时候就根深蒂固；父母教我们公平对待家人和周围的人。后来，我们了解到，在课堂上的老师，在操场上的同伴们有着相似的期望。后来在职场上，员工被期望遵守合同、行为准则、政策和程序。最后，当然最重要的是，我们政府的一个主要部门是为所有公民主持公平或正义，原则上不论社会经济地位或其他条件。所有这些例子都是对正义思想的文化承诺的外在和可见的标志，目的是为我们彼此之间的交往定下条件，从而对每一个人而言世界是安全有序的。

如前所述，感觉安全的需要是假性亲密关系的主要驱动力。这意味着当事情发生差错导致个人感到不安全时，需要有地方进行指责。然而，人们在人际关系中的独特经历使他们容易在事情出错时责怪自己，即使是在他们很少或根本没有直接关系的情况下。在这样一个高度重视正义和公平理念的文化中，这是如何发生的呢?

这一明显矛盾的答案在于，当照顾者的消极情绪开始使孩子感到世界不安全时，孩子会自欺欺人。孩子在发育到能够领会所学到的是什么之前要感到安全，孩子学会了让照顾者快乐的规则。这种盲目的运作机制贯穿童年和青春期并带入成年。

在这些情况下，孩子把环境中令其恐惧的事情归咎于哪里？既然孩子已经潜意识地忽略了把照顾者作为责备的源头，那么唯一剩下的选择就是责怪自己。不幸的是，一旦这种机制开始运行，孩子将习惯性地使用它，并随时带有这种机制，以确保对负面事件和刺激的公正解释。

然而，确定一个可接受的责备目标并不是孩子采取这种策略时所发生的全部。通过责备自己来解释痛苦的经历也会引发孩子大脑突触发育的变化，从而使自我责备成为孩子操作系统的一个基本组成部分，并且为孩子如何分析世界提供关键条件。在以下领域中孩子对这类行为的理解是可以被观察到的，比如

- 人们如何对待自己和他人；
- 如何处理和讨论感受（或不处理不讨论）；
- 如何感知和执行奖惩；
- 世界有多安全或多危险，并且如何掌控，以及
- 如何在以后的生活中考虑到相关适应技能的可接受性和有效性。

那么，这在孩子——后来作为一个成年人——的日常生活中如何在意识和无意识思维中解决呢？从基本的角度来说，一个孩子会说："为了生存下来并继续生活在这个世界上，我必须相信世界是公平的。妈妈让我安全、温暖，并且喂养我。她可能不公平的想法是不可想象的，所以如果她沮丧、生气，甚至虐待，那一定是我的错。"对孩子来说，任何其他的解释不仅是不允许的，而且是难以理解的。

现在想象有一个孩子，他的母亲是一个"愤怒狂人"——一个经常失去控制、扔东西，甚至打孩子的人。这孩子怎么应对这样的母亲呢？既然孩子认为母亲的反复无常是他或她的错，唯一可用的工具是修正他或她自己的行为。所以，孩子会封闭自己的行为，学会走钢丝，以任何可能的方式变换行为，以保持世界是公平和可掌控的信念。然而，情况变得更加复杂；孩子对照顾者和自己行为的僵硬态度最终使灵活性成为不可能，并使孩子无法接受每个人都会犯错误的现实——包括孩子自己。

在孩子的人生历程中，不管身处什么关系或环境，他或她都将把这个早期的程序应用到与每个人的互动中。亲密几乎是不可能的，因为根据与母亲最早的不稳定的接触，孩子的大脑活动是沿着以恐惧为基础的回路（大脑的腹侧

加工)进行的,在大脑中适应情境敏感性(大脑的背侧加工)的区域几乎没有活动。因此,生活中遇到的几乎每一个人和每一种情况都被视为一种危机,在这种危机中,即使在有时间进行审议和深思熟虑的反应时,紧迫感也会取代判断能力。

这种危机管理技巧是由于人们认为需要防止世界分崩离析而产生的,它在孩子的生活中一直没有引起注意,决定了孩子成年后与其他人的每一次互动。如果不进行干预,陷入这种对世界的态度的人就不可能理解与他或她的母亲所达成的不言而喻的协议,也不能理解这如何削弱了目前与另一个人相处的能力。

### 当歌舞套路停止运转的时候

到了这个时候,你可能已经开始接受需要改变一些东西,尽管前景是可怕的,可能看起来是不可能的,因为歌舞套路已经保护你很多年了。一想到没有套路的生活几乎会引起恐慌,因为在某种程度上,你会意识到,你和你的伴侣长期隐藏的焦虑已经开始显露出来。然而,自开始创建这个套路以来,有三件至关重要的事发生了变化:

- 作为一个成年人,你的社交能力和应对能力要比你作为一个受惊吓的孩子所拥有的技能更好、更灵活、更广泛。
- 作为一个生活在社会中的成年人,并且发展了更广泛的情感和认知能力,你能够理解你的照顾者——无论是作为一个孩子还是作为一个成人——不是你的世界的全部。
- 隔离在你的生活中不再是一个受惊的孩子的结果。你在这个世界上的经历使你接触到了那些对你的福祉表示真正感兴趣和关心的人。作为一个成年人,其他人希望你行使自主性,而不是服从于别人的希望和私欲。

基于这些因素,你可能会放弃歌舞套路,转而选择康复。

## 我怎么能确定?

正如前面所讨论的,即使是假性亲密关系正在大行其道,认识到变化可能性的机会之窗也可以而且确实出现。但是这些机会之窗是什么样子的呢?

基本上,机会之窗是一个顿悟或清晰的时刻,让我们看到我们的套路是为了什么:防御真正的人与人的联结。这些机会之窗往往出现在我们害怕失去或痛苦的时候,当我们与亲密伴侣或另一个亲近的人互动时。这很像已经跌入谷底的瘾君子的经历,他触底了,认为他或她不能,或者不想再这样下去——有时被称为"感到恶心、厌烦了恶心感并感到疲惫"。可以被认为是经历了到谷底的例子有:

- 失去重要的关系,如婚姻或长久的友谊;
- 失业;
- 误读社交暗示导致丢脸的错误;
- 突然与我们认为一切都很好的某个人发生莫名其妙的冲突,以及
- 突然被我们长期依赖或善待的人疏远。

在所有这些情况下,我们所依赖的人或东西突然远离了。有时,这是一方违反了假性亲密关系规则的结果。但是,这也可能是歌舞表演疲劳的结果,导致一方意识到这是不可行的,所以他或她只是走开了——不是真的知道这意味着什么,也不知道如何处理。

## 穿过机会之窗的露西

年复一年,在得克萨斯州奥斯汀长大的三十三岁的股票经纪人露西(Lucy)度假回家看望父母后,心情沮丧地回到了纽约市。回到治疗,她会表达对焦虑更多的洞察——近乎恐怖——在她那专横霸道、独断专行的父亲面前,她总是感觉到这种焦虑。几乎毫无例外,甚至是违背她的意愿,露西至少会部分回到童年的角色,仿佛她从未离开过家。

当她刚开始去她父母家度假时，她会带给父亲昂贵的礼物来贿赂他，让他对她好点。但是，这些年来，露西减少了在礼物上的浪费，感觉越来越不愿意收买她的父亲。

在这特别的一年，出于某种原因，露西因仍住在奥斯汀的妹妹的请求，同意分担送给父亲的一份特别昂贵的礼物的费用。露西知道一些，但不是全部关于她父亲在过去一年里心情恶劣的详细情况。她为他感到遗憾，尽管她很小心地和他在一起，并且真心希望帮助他感觉好一些。

经过很多努力和计划，露西和她的妹妹设法说服了他们的父母，让他们在圣诞节期间住在姐姐家里。与此同时，他们在父母的房子里装修了整个厨房，耗资数千美元。到了周末，他们一起回到了父母的房子，包括露西的妹夫和三个孩子。

“爸爸，闭上你的眼睛。”当他们走进新厨房时露西喊道。

他走了进来，睁开眼睛，然后——什么也没有说。

最后出现的幕后故事是她的父亲和妹妹欺骗了露西。她的父亲和她妹妹一起设计了新厨房，并保守秘密，欺骗露西，让她相信了一个完全不同的故事情节。

圣诞节慢慢过去，露西的父亲情绪恶化了。他开始抱怨没人再关心他了。最后露西的妹妹对她直言不讳，告诉她说，他们的父亲对一切都不可能满意并感到痛苦。他的焦虑近乎恐慌。他最终接受了治疗并服用抗焦虑药物。

露西回到纽约后，向她的治疗师抱怨。“关于这件事他们什么也没告诉我。”她感到愤慨、被背叛和愚蠢。但是她也为她想讨好父亲而白白花的钱和岁月感到愤怒。

在经历了这么多年相同的事情之后，露西说：“我又掉进去了。我抵挡不住诱惑。我一直在想我能做些什么来让我父亲感觉好些。我什么时候才能明白这样做从未起作用？”

露西最终努力在她和她的家庭，特别是她的父亲之间建立界限。她可以谈论被背叛的感觉，承认自己的行为导致了自己的痛苦。在她的治疗中取得了这些巨大的进步之后，她开始以新的悲悯之心看待自己和家人。

在她一生中的大部分时间里，露西都经受住了她父亲摆在她面前的每一次考验，每一次都能做得更好。但是，她越努力满足他的要求，就得到更严苛的考验。终于有一天，露西意识到她再也无法适应这些考验，甚至放弃了尝试的念头。她投降了，放弃了修复她父亲的工作。令她意想不到的惊喜是，她开始感到自由。这就是露西的机会之窗。幸运的是，露西看到了它是什么，并穿了过去。

偶尔，通过机会之窗，一个表演者或观众瞥见一个惊人的不同的想法，他/她是谁以及应该如何与他人互动。不习惯的情绪的突破，如痛苦、恐惧或悲伤，可以让表演者、观众，或者两者都在瞬间对他们会付诸行动的关系以及角色有了新的认知。长期存在的怨恨和自以为是的藩篱可能突然开始瓦解，揭示出伴侣们的悲伤和孤独。他们甚至会怀疑他们是否曾经真正地喜欢过彼此。

假性亲密关系中预定的角色不会给极端情绪留下空间，或者可能对任何情绪都是如此。如果任何时候都允许极端情绪，这可能表明演员们已经离开了他们的角色，哪怕只是短暂的。这对伴侣来说可能听起来像是灾难，甚至可能是关系的终结。然而，这种新奇的时刻可以是一个机会之窗，如果被承认，可以用来对头脑闭锁按下暂停键。这种情绪可以瞬间和自动地提供洞察力，迅速破坏假性亲密关系依赖的距离。

虽然没有这样的评论，这本书已经举了几对伴侣偶然发现机会之窗并使用它们来创造变化的例子。

- 山姆和克莱尔（第 1 章）：当他们的夫妻治疗师告诉他这个无限给予的表演者是自私的，他不允许克莱尔对他付出，从而拒绝承认她对于他的真正价值时，山姆觉得他的腹股沟被踢了一脚。
- 卡罗尔和凯特（第 5 章）：凯特拒绝吃卡罗尔强行提供的食物，这就提供了一个时刻，让他们两个都可以看到——和感受到——他们是如何被他们的旧家庭动力所奴役，一起上演并且重新创造一个套路，确保他们能在没有亲密关系威胁的情况下彼此擦肩而过。
- 玛丽・乔和罗伯特（第 6 章）：罗伯特拒绝经受玛丽・乔作为表演者为他设定的重重考验，并让玛丽・乔自己接受伴侣的价值，这个伴侣爱她远不仅只是因为她的性吸引力，通过这样做，罗伯特邀请玛丽・乔一起穿过机会之窗——从而打破了两人长期隔离的模式。

- 史密斯博士和乔(第 7 章)：史密斯博士和乔处在一个完美的位置——治疗是被迫的——避免机会之窗为他们打开，避免产生真正共情的努力，而不是像史密斯博士曾经向乔表达的同情那样。但是当他们分享了对乔的治疗过程至关重要的痛苦时，他们选择一起跨过机会之窗。

准备好在你的生活中寻找机会之窗。第 9 章将提供指导，当机会之窗出现时让你准备就绪。不是每个人都能看到机会之窗，或者，看到了机会之窗，也不是每个人都作好了准备跨过机会之窗。但是，当你看这本书时，你将学会如何为自己创造机会之窗。

## 桑妮和汤姆有机会

如果一对伴侣中的一方违反了协定会发生什么？如果一方发现了机会之窗，并做出了重大转变，会发生什么？

汤姆(Tom)是一个表演者，桑妮(Sunny)是他的观众。多年来，这些角色一直在起作用。第二个孩子出生后，桑妮的医生认为与怀孕有关的糖尿病(妊娠糖尿病)并没有像他们第一个孩子出生后那样消失。汤姆非常乐意扮演医生的角色。刚开始，桑妮还能耐心地扮演观众，做汤姆的病人。

经过几年汤姆有效的监督治疗，桑妮发现自己厌倦了。她本来自己就能够遵守真正的医生制定的治疗方案。但是她的健康状况给汤姆造成了极度的压力，以至于桑妮已经接受了他们所说的他的“完美主义”。但桑妮突然变了，她开始认为汤姆是不完美的，控制欲强，觉得不可能和他再生活在一起。她开始觉得她不希望他总是帮助。由于汤姆是最典型的表演者，他无法降低他一丝不苟的认真对待，所以他从完美到失败。

汤姆的自尊心受到了伤害。失败的感觉使他试图操纵他的妻子回到残疾病人(观众)的角色，以便他能继续感到成功。但桑妮一直在做一些自我检查，并开始探索她的观众角色的轮廓和限制——这个角色使她扮演了受害者，对此她不能再忍受。无论如何，桑妮了解汤姆的底，不再愿意为他的自尊心而扮演受害者。

汤姆被困在了他的歌舞套路中——自己不一定知道——他正失去观众。努力摆脱这种局面将是困难的。他认为他可以再次将他的表演者的行为强加给他心甘情愿的观众，一切就会恢复原样。但桑妮再也不感兴趣了。

汤姆对桑妮说："听着，我同意你的看法。我对自己很苛刻，但看看你的状况。我必须做到很完美，否则你会死，我就完全失败了。"

桑妮看到了机会之窗，并作出了选择。她拒绝退回到旧的歌舞套路中，不再遵从她使汤姆感觉良好的永久病人的角色。当她拒绝时，她和汤姆突然感觉到一股强烈的驱动他们的假性亲密关系好多年的焦虑情绪。奇迹般地，汤姆清醒地感到了他的痛苦和恐惧，他们能够在一起帮助对方置身于他们的旧的歌舞套路之外，能够倾泻出他们试图扼杀的情感，特别是对相爱和失去彼此的深切恐惧。但他们也开创了建立在他们一起面对恐惧上的亲密。最后，他们觉得，就像一个统一的力量，恐惧阻止他们告诉对方关于他们彼此之间的感受的真相，以及它是如何吓到他们的。

当第一次透过一扇机会之窗望去，你可能会觉得像是在看死亡。但是这对决定面对彼此未知情感的夫妻，第一次把他们自己放在真正的亲密关系之路上。

## 别找借口

被假性亲密关系影响的我们，无论是否意识到这一点，我们中的一些人经常使用一种"直到……"的策略来维持我们的生活方式——包括照顾他人。例如，我们会有以下说辞。

- "好吧，我会照顾你，直到……"
- "直到你能养活自己，我会……"
- "我会支付所有家庭开支，直到……"

但事实是，我们使用"直到……"的时间越长，我们就越会被内疚和羞耻的感觉所困，把自己头脑闭锁到我们从未想要的义务之中。但是，爱情在隐喻和神经化学上都是盲目的。在这样的情况下，早期在假性亲密关系发展中出现的激情可以蒙蔽我们自己的不安全感，欺骗我们对把我们逼入困境的人作出草率的判断。我们会和某人待在一起，直到这些“直到……”变得具有威胁性。与此同时，“直到……”永远不会到来。或者，如果到来了，我们就会逃避，而不是继续等待续集，并立即开始寻找下一个“基于直到……”的救赎或修复的幻想。

嗜酒者互诫协会出版的读物《十二个步骤与十二条准则》中很好地描述了自给自足。

> 自给自足的哲学是不会有回报的。很显然，这是一个粉碎一切的强大破坏力，它的最终成就是毁灭……我们每个人都遭遇过任性的严重危害，并且在它的重压之下已经遭受了很多，愿意去寻找更好的东西。[2]

对我们的恢复来说，真正有问题的是那些潜伏在自给自足幻想之下的“直到……”，例如以下陈述：

> “当然，我会让你帮我，直到我重新站起来，重新开始工作。”
> “是的，我可以承认我需要你，直到我找到另一个人。”
> “我可以和你分享我内心深处的想法，直到你以某种方式背叛我。”

大多数“直到……”都表示，我们将顺应套路中的变化，直到要么我们找到一个新的过程，通过这一过程，我们可以恢复我们根深蒂固的自给自足的习惯；要么我们证明，尽管我们尽了最大努力，但让我们失望的始终是其他人。因此，我们不敢冒险让任何人来照顾我们。

这个新的过程实际上是我们假性亲密关系旧动力的另一个版本，在我们利用他人来维持自给自足的时候，以一种对焦虑的防御来回报假性亲密关系。缺失的部分是关于做这项工作的任何想法和任何自知之明。二者都与被长期掩盖的极度焦虑有关。

在头脑闭锁中，假性亲密关系可以产生复杂的幻想体系，这些体系有时相互重叠、相互强化。这包括人们对他们的照顾应该得到回报的夸大的概念，这伴随着受害者心态带来的反复的失望和正义感。尽管如此，有时“直到……”会给你一个机会，让你看穿歌舞套路。

### 埃德和金妮找到了出路

“我工作如此努力，投入了这么多努力，看看它给了我什么。”埃德(Ed)对他的女朋友金妮(Jinny)说。埃德是一家大型工业公司的主管，用他的话说，他拼命工作到“尾巴都掉了”。他也是那些给孙辈讲这样故事的人之一，比如“当我像你这么大的时候，我必须在雪地里步行十五英里去上学然后又走回家”，传达一种辛勤的工作和极度的自我牺牲的道德和价值观。

金妮已经安排夫妻治疗的咨询。她认为埃德需要治疗，因为他抽烟过量，还常常喝得烂醉如泥。她还发现，她已经失去了处理他们的假性亲密关系的耐心。她作为一名优秀的观众的能力一直在下降，因为埃德通常表演者的角色正在瓦解，她发现自己不得不接管这个角色。她这样做，她的感受开始浮现出来。麻烦？实际上，好消息是：它暗示着一个机会之窗即将开启。

他们最初完全是“一拍即合”，金妮回忆道：“两个失去了配偶的老人，在这个大城市一起狂欢。”他们喝酒；他们抽烟；他们“就像两个十几岁的青少年”。

在这些美好时光背后的阴影是埃德的妻子米基(Mickey)去世后给他带来的极度心痛，以及他被某种被称为“宇宙”的模糊力量背叛的感觉。埃德全心全意地相信他一生都在为他称为“天堂”的退休生活而工作。他和他的妻子奋斗、节俭，养大了两个儿子，就在埃德工作的回报(退休)来到之前，米基被诊断为癌症，并在当年去世。

“我觉得好像甚至在我能够欣赏米基之前就已经失去了她，我还没能让她知道我爱她，我所做的一切——我的整个生命——是为了她和孩子们。令人惊讶的是，我不确定是否有人知道这一点。”埃德承认。独自一人，他酗酒和吸烟的进展远远超出了他做任何事情的能力，他万念俱灰，觉得所有的辛勤工作的唯一回报就是死亡。

他和金妮的关系在这一过程中只是一个暂时的权宜之计，但很快形势就扭转了，他是——在他生命中仅有的一次——病人（观众），而不是无私的牺牲者。他对此一点也不高兴，并且对所发生的事情和他的感受感到难以理解。作为一名在假性亲密关系中的资深表演者，他不会想到依赖和无助是他辛勤工作的奖赏。

虽然金妮过去的经历是如此让她倾向于当观众，但在这一轮成为主要照顾者的拉锯战中，金妮现在明显是表演者。但这是一个她不能享受的胜利；作为观众，她更快乐。不过他们来到了这里。治疗挑战了他们的模式，通过把他们放在相反的角色，对他们沉默的头脑闭锁产生了明显的压力。弱点出现了。

了解自己的奋斗是什么，代表什么，以及他需要做什么才能真正从一个终生的绝望孤独的表演者角色中恢复过来，这是唯一能拯救埃德生命的事情。一个照顾的角色加上对所有辛勤工作回报的期望，可能会让你付出致命的代价，并成为真正充实生活的强大阻力。

金妮和埃德的歌舞套路——他们开始盲目地重复他们过去的假性亲密关系的角色——被扰乱得无法修复，结果却成了好消息。他们角色互换造成的纷乱让他们看到他们之前的角色是多么片面、不平衡和孤立。这一洞察力为金妮和埃德提供了一个机会之窗去创造一种真正的亲密关系，这消除了每一个人完全孤立的感觉。

对埃德和金妮来说，他们的机会之窗和恢复的道路既让他们感到有威胁又觉得是可以救命的。而且他们深深地吸了一口气，走进了一个他俩都可以居住的新领地。

---

**迈向积极的转变**

---

想想如果你能结束你的歌舞套路会发生什么。用下列问题做反思和做笔记。

1. 如果没有我们的套路，我的关系会是什么样子？如果没有套路，我会是什么样子？
2. 当我们的关系变成相互关心时，会是什么感觉？会导致不适吗？是争论，还是想要离开？
3. 我注意到了什么样的机会之窗会让我们的歌舞套路停下来？我有什么反应？
4. 利用机会之窗，我需要知道什么和感受到什么？

---

# 第四部分

## 揭开关系恢复的序幕

## 从假性亲密关系到真正的亲密关系

# 第9章　崭新的世界

祝贺你！最后，你已经康复了。是拆除你的假性亲密关系陷阱的时候了，这样你就可以建立新的联结和存在方式，它们都是建立在开放和慷慨的基础上，而不只是安全感的需要。你将开始学习和练习可以改变你的信念体系，并重构你头脑闭锁模式的方法。这将使基于更健康情绪状态的关系策略成为你剧本的一部分。

从思想和行为的旧习惯中走出来可能会很可怕。但是，仅仅是走出来的愿望，加上对正在发生的事情和危险的意识，使得有意识的重组成为可能，也是可行的。与他人的关爱关系将以更平稳和渐进的步伐向一个更稳定的地方发展。通过使用工具和参考像你一样的人们是如何采取行动摆脱假性亲密关系的例子，你将会发现一种满足你自己和他人真正需求的生活方式。

在你确定了自己的假性亲密关系角色及其对你的生活的影响之后，下一个任务就是为自尊和个人安全感建立一个新的基础。复原的主要目标不是过分关注问题，诸如“我是怎么选择了假性亲密关系的?”，而是要弄清楚如何作为一个完整的人去生活而没有陷入假性亲密关系。

你已经清楚你的童年经历以及它对应于第4章的GRAFTS公式的标记。现在是设计你未来进程的时候了。

在开始之前，提醒自己，复原的过程不只是你自己；假性亲密关系是对世界的一种反应，是按照最早的针对你童年时期的照顾者的照顾策略的意象和样子设计的，这样你就能感到安全。

复原涉及放弃许多关于情感安全、自给自足和隔离的旧观念。当然，这并不容易，但回报是丰厚的。这可能有助于记住，这些习惯是在大脑腹侧通路中基于恐惧的条件反射形成的（回想一下，腹侧通路在进化上更为古老和无意识，而背侧通路则更现代，与灵活的学习有关，包括腹侧纹状体），而腹侧通路是在危险的最初征兆被激活时自我保护的灾难应急计划的所在地。在假性亲密关系中，这些网络模式在起作用而并没有考虑到实际发生的事情。退一步，反思，仔细思考，没有不必要的紧迫感，以及培养更多自我意识的技巧，这些都是你将建立改变的方法。这将反映为背侧通路的活动增加，包括语言区、执行功能和语境敏感性的情绪调节。这是对不良模式重新布线的途径，从而改变人际关系中的行为倾向，使你和你的大脑，在与自己和他人的关系中变得更加灵活和适应。

如果这听起来很复杂，别担心，你的大脑会自动跟随你的领导。

## 恢复的基本工具

在我们进入五个步骤，引导你摆脱你的假性亲密关系之前，发展对互惠互利重要性的认识是至关重要的。互惠互利是恢复关系、重获自由的关键。它是情感和关系健康与幸福的基础，换言之，是社会支持的基础。反过来，经历社会支持又与获得力量和心理弹性有关[1]，具有心理弹性的人能够看到更多的替代办法，提高他们作出更好选择的潜能。例如，有弹性的人更有可能把分手看作是一个学习机会，并利用这个机会在他们悲痛的同时进行更多的社交和建设性活动。他们不太可能立即回到约会现场，晚上喝得酩酊大醉，寻找随意的性爱对象，或者迅速进入一段考虑不周的新恋情。互惠是指与伴侣或另一个亲密的人共同创造双方的相互关系，在这种关系中，你开始实践一种新的互谅互让的风格，允许关爱深入到之前未探索过的领域。互惠是一种手段，通过这种手段让情感的风险与投资、共情和亲密关系在我们的关系中成为参与者。

头脑闭锁强化了我们用来保护自己的关系模式是一种真正的亲密关系的错觉。那么，你如何学会放弃控制，说出你自己的真实情况，并让关系如愿发展呢？

这个答案的一部分涉及学习倾听和与你的伴侣同在当下。另一部分是学会练习在中间部分相遇，也就是练习自我—他人评估，为自我暴露创造一个安全的空间——这将在之后进行深入的探索。

## 赞扬—责备综合征

假性亲密关系通常包括很多说出口和没有说出口的指责。你可能有片刻会想要扭转局面，好好看看你是如何适应并欺骗那些最亲近你的人的。但解除假性亲密关系不是要找出责备的地方；这是关于分析到目前为止的你的生活策略，以便它可以被剖析和替换。

问：我什么时候不在假性亲密关系模式？

答：当我在关系中感觉我所给予的和所接受的一样时。这表明我和我的伴侣在互惠互利、相互关系和合作方面处于平等的地位。

很容易看出，把所有的功劳都归功于关系正确是一种欺骗，但是当我们对错误的一切承担责任时，更难看出我们是如何互相欺骗的。我们被牵制忽略了真正的问题，因为这些问题是孩提时候形成这些模式和习惯时必须隐藏的。我们可能会认为，任何认为他或她自己是关系中的照顾者的人，都是一个在一段关系中占有大约100%功劳的人，而0%是错误的罪魁祸首。但是当你认为那些假性亲密关系中的表演者和观众都不可能让别人开心时，更值得怀疑的是，他们会不那么吝啬地责备错误的事情，而他们通常对正确的事情进行赞扬都是吝啬的。

现在，那可能不是表面上的样子。有多少次表演者大声叫喊道，“没人欣赏我”，“没人在乎我”，“每个人都恨我”，或者“你不明白”，而观众也有同样的感觉，但大多是在隔离状态下的抱怨和痛苦。当我们的善良没有得到认可，或者当我们觉得我们没有被公平对待时，我们都想抱怨。在承担这样不可能的任务时，假性亲密关系中的人就会自己承担起责备的重任。通过承诺修复一切无法修复的事情，表演者担任了领导职务——让表演者成为替罪羊。

你如何才能越过赞扬—责备陷阱——这是头脑闭锁的重要组成部分——呢？40—20—40 模式可以作为一个自我—他人评估，这将给你一个框架以打破模式，并作出改变。

## 中途相遇：使用 40—20—40 模式作为自我—他人评估

在假性亲密关系中，确定赞扬和责备很容易。你很容易把对的事情百分之百地归功于你，而把错的事情百分之百归咎于你的伴侣，甚至不去谈论这件事。认知心理学家称之为非黑即白思维，是由长期的威胁状态引起的。持续感觉受到威胁的焦虑会影响大脑的更高功能，使决策权留给大脑中更老、更原始的部分。在这种情况下，同意谈判，或在中途相遇是困难而微妙的。

试试这个实验：想象一下，你和你的伴侣坐在相隔十英尺的椅子上。想象一下，在你们俩的中间点上有一条线——50%的线。这样你们每个人和中点间就剩下五英尺了。

**100%模式**

| 你 | 中点 | 我 |
|---|---|---|
| 0 英尺 | 5 英尺 | 10 英尺 |
| 0% | 50% | 100% |

现在把中线的宽度扩大到占据你们之间空间的百分之二十。要做到这一点，你们必须每一方放弃 10%的领地——减少 10%你的领地，减少 10%你伴侣的领地。

**关系中 40—20—40 模式**

| 你 | | 扩展中间 | 我 | |
|---|---|---|---|---|
| 0 英尺 | 4 英尺 | | 6 英尺 | 10 英尺 |
| 40% | | 20% | 40% | |

40—20—40模式帮助我们想象在纸面上，互惠互利的动力关系可能是什么样子。假性亲密关系是容不下这种模式的。如果在关系中，双方都只是简单地被要求分开承担正确和错误的责任，那任务就相对容易了。然而，每一个事件和结果通常会涉及各种因素。例如，一起交通事故的原因可能包括汽车设计和生产实践的严格性、质量控制、道路状况、天气，以及与驾驶员和乘客相关的各种因素。考虑到这种复杂性，对事故的责任认定就不是简单的事了。通常用于确定责任的方法，在分析和归咎上都过于简单了。

为关系中的不良事件确定责任更为复杂，因为它不仅涉及个人的性格和背景，而且涉及这些因素在关系中的相互作用。此外，每一种关系都有自己的个性，或者动力，就像一对夫妇的孩子一样。换一种方式来说，整体大于部分之和。

对于关系，每一方都要检查他/她提供的东西，以及这给他或她的伴侣带来的影响。40—20—40模式作为自我—他人评估(SOA)进行操作[2]。它让卷入争议、冲突或问题的双方暂停，并考虑各自对手头问题的贡献是好是坏。在手头的问题上，每个成员承担不超过60%和不少于40%的责任(我们可以使用“赞扬”和“责备”这两个词)。

如果我们使用40—20—40模式分析这种交换过程，我们就会发现以下结果：从一开始伴侣中的每一方愿意接受40%的责任，还有20%的中间区域，除了60%之外，就一方可能会入侵或侵占他人多少空间进行协商和达成妥协，而另一方则通常退到40%的贡献界线之后。使用40—20—40模式是一种对照顾者作出的贡献设限的方法，使得关系中的表演者限制其贡献(不超过60%)而观众扩大其贡献(不少于40%)。

## 晚餐和责备游戏

考虑一下下面的例子：一对夫妻在餐厅点菜，但是当晚餐被端上来的时候，菜单出现了错误。无数次，这对夫妇遇到了这种类型的错误并为此争吵。如果不是关于食物，它就变成了：

“你在点菜时总是把服务员弄糊涂。”

“我吗？你永远无法决定你想要什么，而结果总是这样。”

除了之前的愤怒声明，餐馆有时的确会犯错误——甚至给客人上错菜。但出问题的真正信号是“总是”“永远无法”这些话脱口而出的方式。当这一切发生的时候，还有别的事情没有被解决——这在两个人之间可能已经很长时间了。而那个别的事情通常就是头脑闭锁。除了不能解决眼前的问题之外，它还给每个参与者都留下身体上的症状——紧张、胃不舒服、呼吸模式改变，以及他或她“又来了”的感觉。

使用自我—他人评估作为暂停，帮助我们进行抽查盘点，以查看每个人是如何无意中导致了构建冲突，而引发冲突的事可能根本不会是什么大问题。自我—他人评估可以提供片刻时间，让我们停下来自问：“它（议题、问题或冲突）到底有多重要？”这种停顿可以为我们提供机会来选择我们的战斗。

思考一下这种情况在你的生活中会是什么样子。如果一个议题很重要，感觉像一场你需要参与的战斗——并帮助你更好地理解自己和你的关系——那么对紧张时刻发生的事情评估要客观，看看你是否能理解它为什么会发生。根据他们的行动或不作为对结果的影响，在贡献者之间按比例划分好或坏结果的责任。此外，除了一个特定争论的具体细节之外，考虑一下习惯的说话和互动的方式如何促成了结果。

如果你从一个两极分化的、无罪的模式开始，请记住，这几乎不能解释在分歧中实际发生了什么。在大多数情况下，重要的、潜在的问题都无法被识别和解释。此外，替罪羊的通常做法进一步混淆了情况，减少了找出事实真相的机会。

我们已经知道当某些事情不像我们想要的那样，我们会感觉被欺骗了。我们通常看不到——或者不相信的，即使它已经被清楚地说明了——我们如何欺骗我们的伴侣。生活在我们自己的盲点里，我们觉得我们必须保护自己。我们认为我们肩负着这段关系的重担，值得鼓励，但我们通常所做的是侵入我们的伴侣的领地，而不接受他或她的贡献是有效的（并通过这样做来贬低他们）。事实上，我们剥夺了我们的伴侣对我们的关系作出有意义的贡献的机会，这使我们的关系无法发展成相互尊重的爱。使用包含了40—20—40模式的自我—他人评估，夫妻可以通过真正的互惠互利更充分地创造和参与。每个成员都允许对方在关系中有推进和要求空间以及有用性的机会——不少于40%，不超过60%。于是障碍被移除，为关心和责任让路。

共享空间成为在中途相遇的一种方式——一个共同创建和维护的空间，以共享所有在伴侣之间发生的事情。另一种选择是让伴侣双方都保持隔离状态。

自我—他人评估是一种重新塑造和重新创造我们生活中所有关系的技巧。它为我们提供了一个体系，检查然后丢弃我们的假性亲密关系习惯（如本能，回避调查），以便我们能够接受和面对挑战：真正的关怀、有意义的联结，以及共同建立真正的和持久的关系。当坏的、旧的习惯把我们引向错误之路时，它也给了我们一个回到正轨的地图。自我—他人评估创造了一个安全的地方来实验以某种方式接受和被别人接受，而这种方式我们一直担心会危及我们的安全。

学习如何摆脱假性亲密关系的主要工具是自我—他人评估。下面的章节将详细讨论这种模式的运作原理。

**迈向积极的改变**

下面练习的目的是教我们认识到我们如何在关系中平衡赞扬和责备。我们学会通过自我—他人评估来培养更大程度的客观性。学会接受对方所提供的东西是克服隔离的基础。

1. 在哪些方面，你会对你的关系中发生的事情承担100%的赞扬或责备？
2. 这如何成为你的歌舞套路的一部分？在你的生活中，你的套路如何剥夺了别人的价值？它如何保护你远离你认为和你亲近的人？
3. 考虑一个你生活中的情形，在这种情况下，自我—他人评估本来或将会有所帮助。自我—他人评估如何改变你与所爱之人的关系？
4. 如果你可以让自己过一种并不保证特定的互动交流和人际关系的生活，你的生活会在哪些方面变得丰富？
5. 对到目前为止你已经阅读过的部分进行思考，哪些想法有望让你把生活变得激动人心？
6. 阅读本书是否让你想到了你生活中的某些人，你希望与他们的关系有所不同吗？他们是谁，你想改变什么？当你想到这种可能性时，你恐惧什么？

# 第10章　DREAM序列：循序渐进地恢复

最终，从假性亲密关系中恢复，通过掌握你的想法、感受、行动，颠覆了你对隔离的需求。这个打破隔离的技巧就是DREAM序列，这个技巧中最重要的工具就是我们前一章介绍的自我—他人评估。

任何一方的参与者都可以在问题、争议出现的时候，随时随地要求使用自我—他人评估工具。这提供了一个结构和过程，用于确定每一方各自身上发生的事情，以及他们之间发生的事情。每一方都要同意——至少在商榷过程中能保持一致——各自为眼下的问题（或者，更简单地来说，目前关系的现状）承担至少40%，至多60%的赞扬或责备。

自我—他人评估使得我们能够观察，并且表达出由于亲密关系、共情和情感方面投入而产生的焦虑情绪，而不是付诸行动来确认我们对他人的最坏的怀疑。它允许暂停，并且留了20%的共享空间，可以在安全灵活的中间地带互动。在互动中，两个人都有一定的时间来讨论他们在冲突、问题或争议中做了些什么。

下文介绍自我—他人评估的基本结构和基本规则。

- 双方都应把重点放在自己身上，分享各自的感受，而不必担心受到责备、批评或因说出感受被别人用来对付自己。
- 每一方必须能够安全地承认他们在正在发生的事情中的角色，不管是好的还是坏的。
- 双方都要认真聆听，不指责不批评。这对增进相互了解至关重要。把责任推给别人或一方使用分享的内容来操纵另一方都是犯规的行为。
- 严格限定分享的时间。建议每一方的第一次分享时间为5分钟，其后的每一次为 3 分钟(不得插话或交谈),来回交换谈话权,直到双方感到已经达成解决方案,或者至少已朝着解决问题的方向前进。

这种方法的有效性在于,每一方都掌握了如何自由地、内心安全地表达自己的需求,以一种没有防御的、清晰而重点突出的方式表达,或者,不必担心不得不处理讨厌的反馈或建议。每一方都听取对方的意见,并向对方学习。借助练习,他们越来越能做到撇开批评和责备。几乎在没有意识到的情况下,焦虑情绪和陈旧的防御习惯慢慢溜走了,这为建立彼此的真诚关怀的情感清理出了空间。

DREAM 序列教授了用以逆转头脑闭锁,从僵化的假性亲密关系中出来,进入到一个允许互相联结、自发性的和彼此享受的空间的技巧。但它实际上比这更深入:这些新的情感体验实际上在大脑创造了新的神经通路——而这些新的神经通路不是通过焦虑以及学习与焦虑共存来创造的。

在开始 DREAM 序列之前,你需要开始建立一个全新的自我概念,你可以相信、接受并在此过程中使用它。下面的列表包括一些你开始接触和进行 DREAM 序列时需要仔细考虑并返回再看的要点。

- 给自己一个安静的时间和地点来进行 DREAM 序列,切记你所担心的事情不必成为你脑海里最大的声音。
- 记住,去梦想你所想要的生活是正常的,是作为一个健康人必不可少的一部分。
- 提醒自己,即使事情似乎没有按照你想要的或计划的那样发展,世界也不会分崩离析:未知或不可预测的东西不一定是令人害怕的。

研究表明,那些想象自己练习得非常好的运动员,在比赛的时候确实会表现得更好。另外,一项对动物大脑活动的研究表明,动物睡觉时,会练习它们一直在学习的东西。[1] 人类也是这样,当人们从睡梦中醒来时,他们会报告说夜里梦到和他们前一天学习的同样的活动。将此作为你开始接触 DREAM 序列的线索。

虽然可视化是一个很好的工具,但还需要一些努力才能适应新知识。所以,让自己以一种新的方式去想象和学习,接受并理解原本真实的自己和他人,并将两者联系起来。

DREAM 序列最开始会让人觉得陌生甚至匪夷所思,但是这是打破假性亲密关系的开始。你内心深处，隐藏着渴望，希望摆脱反复选择被控制与控制的关系。实践与自己建立一种无条件的接受和爱的关系，是解放隐藏的你的第一步。

## DREAM 序列

DREAM 序列就是从假性亲密关系中恢复的基本要点。DREAM 是发现、修复、赋能、替代选择和互惠关系的首字母缩写。这五个步骤是将你从假性亲密关系中解脱出来的实用技巧。这些步骤可以按顺序进行，也可以组合使用。

在下面的章节中，你将看到一些案例、故事和技巧，它们将帮助你理解和处理每一步骤。

| DREAM 序列 |
|---|
| **第一步　发现(Discovery)** |
| 触底并意识到你自己困在了假性亲密关系的歌舞套路中。<br>允许焦虑和孤立的感受打破小心构建的假性亲密关系的防御体系，这些感受可能非常强烈。<br>开始了解什么是假性亲密关系，开始乐于改变。<br>越来越能够看到你的歌舞套路是如何失败的，并且想要改变你一直以来的生活方式。 |
| **第二步　修复(Repair)** |
| 认识到假性亲密关系对你个人的影响。<br>克服自然而然的抵抗和压抑，开始去理解并且打破解离。<br>让你的伴侣参与互动修复过程。<br>了解你躲避与他人联结的习惯可以如何改变。<br>开始相信你可以安全地接受别人——尤其是那些你最亲近的人所提供的。<br>学习用新的方式控制焦虑。<br>放弃认为必须有人要受到指责的想法。 |
| **第三步　赋能(Empowerment)** |
| 获得更深的自我理解和接纳。<br>明确并描述你个人的歌舞套路。<br>看到假性亲密关系是如何使得你不能了解你真实的自己。<br>看到假性亲密关系是如何阻止你与他人建立真实的亲密关系。<br>接受在你的亲密关系中，你这一方所应负的责任，不论是好的或是坏的。 |
| **第四步　替代选择(Alternatives)** |
| 接受你对生活和他人的想法和感受可以改变的可能性。<br>为控制焦虑、恐惧、愤怒和冲突进行自我—他人评估。<br>开始看到你的行为如何改变的具体例子，并有意识地开始去改变。<br>扩大你对改变和成长的意愿和视野。 |

续　表

| 第五步　互惠关系(Mutuality) |
| --- |
| 接受生活的活力、不可预测性，甚至是消极的一面，如生活本来的样子。<br>在双方亲密关系中，分享生活，从而变得越来越开放和兴奋。<br>允许给予和接受，包括互惠的"帮助和被帮助"部分。<br>40—20—40 模式下的共享和责任。<br>在亲密关系中作为个体和合作者继续成长。 |

DREAM序列是一种学习如何在亲密关系中给予和接受的技巧——它可以被认为是健全的关系——以及培养看到和重视他人的能力。随着时间的推移，我们会更加诚实地看待自己，做出有意义的转变，从假性亲密关系转变为真正的亲密关系。DREAM序列唤醒了共同创造伙伴关系的能力，以及在更安全的亲密关系中发展更安全的依恋风格的能力。我们学习了新的处理焦虑情绪的方法，这些方法允许我们发展亲密关系，在这种亲密关系中，我们可以允许自己感到脆弱。我们甚至可以学会去保护伴侣或被伴侣保护，与我们不安全的方式维护联结的歌舞套路相反，歌舞套路让我们远离了我们的伴侣。通过使用DREAM序列，我们忘记了旧的使我们产生头脑闭锁并让我们彼此疏离的生存技巧。

DREAM是首字母缩写，每个字母都包含一个领悟成分(啊哈)，一个方法成分(如何做)和一个行动成分(行动)，也就是，做一个练习，邀请另一个人加入你的恢复过程。所有这些步骤都鼓励应用你所学到的实践40—20—40模式，或者在中间地带相遇。这个练习一开始可能是困难的甚至可怕的，但是通过练习，会变得越来越容易。

## 第一步：发现

### 领悟(啊哈)

接受并承认事情的确有不对劲的地方，是改变的必要平台。自我完善需要这样的接受，拒绝接受只会让事情变得更糟。恢复的第一步是去发现并体察自己的感受——那些隔离、孤独、焦虑和恐惧的感受，驱使你从你的情绪中迷失并选择隐藏的感受。虽然这个部分通常是令人不舒服的，但是去接受你的真实感受将是一个机会之窗。它可以被比作成瘾者寻求帮助的触底。同样，接受你歌舞套路的失败，就开始了迈向真正亲密关系的生活的进程。

在"发现"这一步骤中，我们可以相对容易地理解和承认，假性亲密关系在你的生活和最重要的亲密关系中是如何发展和产生作用的。在这个阶段，你要确定你和你的伴侣共同创造和承诺了歌舞套路的部分，结果产生了头脑闭锁。你会发现，这种防御状态的结果是，你一直在与最亲近的人擦肩而过，从没有真正接触他们，这虽让你感到安全，但却是通过自我孤立的方式获得的安全。你也会发现你和你的伴侣如何通过扮演表演者或观众的角色，使自己远离了真实的亲密关系。这种洞察力正是通向自由之旅的开始。

### 方法

自我—他人评估对于夫妇和与重要他人相互交流有问题的人们来说是一个暂停。它甚至可以在两人以上团体实施，比如说在员工或者部门会议上。它以论坛的形式出现，提供一个盘点过往的机会，使其成为一个扩展"发现"的绝好场所。

倾听是"发现"的一部分，所以，如果你使用手机或耳塞，它是不会有用的。内心的倾听是第一位的。如果你不能去听自己的声音，你也不能去听别人的声音。就你的假性亲密关系而言，你得去找出，你常用套路对身边的人说的口头禅：比如："走开"，"我很好"，"我可以帮忙"，或者"我不需要你"。

40—20—40 模式强制要求理解式倾听，而不是通过倾听建立起防御和提出周密的反驳。这一技巧提供了警觉、慎重的意向性空间，而不是反复无常、由焦虑驱动的反应。

### 行动

"发现"是一项艰难的工作。你的任务是抵制惯常套路的诱惑，相反，为你自己和你生活中重要他人创造一个新的默认处理方式。下面的列表解释了你的第一组行动。

1. 让你身边的人加入你的探索之旅。
2. 讨论一下你和那个人共享的歌舞套路。真诚而认真地审视你们过去和现在共同的表演。
3. 互相问对自己的表演有什么看法——对你们每个人有什么好处？这个评估告诉了你关于你自己的什么信息，以及哪些需要改正、修复或改进？

## 第二步：修复

### 领悟（啊哈）

第二步将更进一步，当你探索和承认假性亲密关系对你产生影响的方式时——特别是通过看透自我压抑和头脑闭锁产生的隔离，你就会慈悲地接受自己，并洞察自己是如何关闭焦虑意识的。这就腾出了空间，让你看到让自己远离焦虑付出的代价，导致你感到空虚和远离身边的人。面对和接受自己被疏远的部分，可能需要一些艰苦甚至令人感到恐惧的工作。当你已经确定了最初开始这个过程的方式后，你将需要把线索追溯到过去，直到你能够明确过去你不希望感受到或知道的东西。造成这种情况的原因，可能需要更长的时间找到，但它终将被发现。当你检查这些决定时，你会开始意识到它们变成了无意识的习惯。

如果你的记忆不足以让你明确过去究竟发生了什么，这本书中的例子会有所帮助。即使你不记得最初是什么让你否认你的感受，从这一步开始，你就会开始逆转你潜意识里对它们的压抑。实际上，决定去审视一直以来发生了什么是修复的开始。

你与重要的人分享的每一个修复行为，从定义上来说，都是互惠的、相互作用的和互补的。这包括小小的误会或毁灭性的爆发，包括外遇和暴力。这一过程被称为交互式修复，是迈向健康的亲密关系的重要工具。

如果你“回头看”时，开始感到犹豫不决，有可能是你正在滑回孤立的迹象。为了抵消这一倒退，增加你和伴侣的合作互动。不管过程让你感到多么不安，最重要的是你都愿意看完整个过程。对“修复”的共同承诺，允许接纳、支持变通，使得你一直保持进步。

### 方法

使用自我—他人评估——从每个参与者关注他/她自己开始——了解在和伴侣的关系中，她/他说过什么、做过什么、感受到了什么或害怕什么。伴侣的任务是培养没有要求、没有预期或没有挑剔的倾听。警惕那些你的伴侣说的失望的预期的事情，他/她将要修复你——或者你可以并且应该修复她/他。保持开放的态度，作为伴侣去发现，你们是盟友——不是对抗者，也不是囚犯。即使你不同意对方观点，你也可以接受有分歧是可以的和正常的，不要破坏你们在一起的体验。

我们要吸取的一个意料之外的教训是：恢复取决于认识到你之前的歌舞套路是失败的。最终，学习用正确的方式称呼你的失败，对于创造一种与伴侣相处的新方式是至关重要的。

当你进入这一部分的过程时，请注意不要忘记：修复是交互式的；你有意识地利用每一次“犯错”的机会，开始建立新的信任纽带，如果你不明白自己是如何失败的，这种信任就无法获得。学会如何回到正确的轨道上是你如何建立夫妻关系的力量。

从一开始，交互式修复就旨在打破一种错觉，即健康的关系可以建立在单向的照顾之上。相反，你们要学会共同解决困难的问题，把证明谁更慷慨，谁更受伤，谁是拯救者，谁需要被拯救的需要放在一边。修复必须是交互式的，因为你需要其他人看到你自己的盲点。

这种过程分享的可行性可以在类似的模式中看到，比如咨询者—心理治疗师的关系和大众化的恢复计划中。无论如何，有投入的意愿并坚持使用这一过程，是修复的核心。

### 行动

实施“修复”可以与你的伴侣或某个你生活中重要的人一起完成。让那个人和你一起探索修复亲密关系的意义是什么。

1. 描述一个冲突。注意那些乍一看可能不重要的细节。如果它们出现在脑海中,它们可能很重要。
2. 使用交互式修复过程,分析你在冲突中的角色。从假性亲密关系角度来看,我们的目标要么是解决问题,要么是马上开始解决问题,要么是请坐在身边的人帮你制定一份与某人关系的修复计划。

## 第三步:赋能

### 领悟(啊哈)

赋能是基于关系的。我们是彻底的关系型生物,没有人能真正地进行自我赋能。可能看起来不是这样,但如果你在遵循 DREAM 序列,你已经在进行建立真正亲密关系的基石的实践。如果你坚持下去,这个方法将改变你对自己的看法以及你在现实世界中的生活方式。

脆弱性伴随着这种变化而来。是的,脆弱,你一直试图用假性亲密关系去逃避的东西。虽然这很可怕,尤其是在刚开始的时候,脆弱能让你获得力量,因为它会创造情绪和精神上的灵活性,这反而会巩固你在现实世界中的地位。一个额外的好处是,随着你对世界的姿态的改变,你的大脑实际上也将改变,以适应这种整合更好的生活方式。曾经让你与自身意识思想隔绝,并且隔绝你们彼此的那些部分,将变得开放并分享信息。在没有意识到的情况下,你会开始接受并伴随生活的本来面目,而不是被它所威胁或感到害怕。当这一切发生的时候,带着洞察力和自决力,你变得能够接纳别人所提供的。你的生活将会蓬勃发展,这在很长一段时间都没有发生——也许从来没有发生过。随着你共情能力的加深,你的世界将变得更大、更舒适。

话虽如此，这部分过程并非没有冒险和可怕的部分；就像一个老魔鬼在对你耳语，你毫无疑问会感到焦虑，尤其是一开始，焦虑可能使得你试图回到熟悉的行为方式。尽管这是极具诱惑性的，但你已经知道了应对旧方式的魅力的最佳答案："我演过那个场景，我知道它是怎么演的。谢谢，但是不了，谢谢。"

**方法**

DREAM序列的五个步骤是互相支持，互为基础的。它们的基本目的之一是为你自己创造一种新的愿景，让你摆脱旧的、自我窒息的套路，生活在一种互谅互让的状态中。这是通过制定可执行的、具体的、分段的目标来实现的，这会显示你在前进的过程中表现如何。

首先，明确地阐明在过去关系中你想要改变的特定方面。设想有鲜明对比行为的场景。确定具体的任务和目标，让你可以看到实际的变化情况会是怎么样的；这可能是一件很简单的事情，比如从你通常在家里或在工作中会坚持要亲力亲为以确保结果正确的事情上退一步。退一步的同时，你可以说些什么，比如"我不知道我是否能胜任这份工作"或者"我不认为我特擅长这个"，这样就为别人的帮助打开了通道。也可能正好相反；与其为别人做决定或分配任务给他人，不如问问你的伴侣、家人或同事，他们对如何分担或完成一项任务的想法。

从适度的改变开始。让自己习惯于新的语言或行为交流方式。与你的伴侣、同事或你交往的任何人一起尝试。之后，回顾一下你们之间的互动，想想你做这件事时的感受，以及你现在的感受。

当你开始赋能的时候，重要的是尽可能多地提醒自己，不积跬步无以至千里。接纳这些小的变化实际上是在创造健康的新习惯。一旦你开始做出这些看似微小的改变，你也会发现这样提醒自己会对自己有益处，你的大脑就会开始为它们建立新的路径。

如果一开始进展不顺利，后退一步，看看你是否能通过问自己问题找到无效的原因：是否因为我对别人采取了不同的态度，让他们感到震惊？他们是在等我承担重担，还是在等我收拾残局？不管是什么，不要为此困惑。你正在为自己学习一个新的角色，你和其他人都需要一点时间来适应。实验和微调是这个过程自然的一部分。但你几乎马上就会发现，当你对自己的看法发生变化时，你与他人的交流也会随之改善——反之亦然。

到目前为止，你可能会有一种感受，那就是你以往令人窒息的套路所造成的孤立，这种孤立带走了真正的个人的完整感和力量感。你往日自给自足的虚构的寓言，呃，简直是无稽之谈。现在你正与他人和自己进入一个不同的空间。

在40—20—40模式中，分享共同创造的空间基本上是一种具体的相互关系模式，它让你学会让别人对你来说是重要的而同时又不控制他们——以富于慈悲的共情去面对他们本来的样子。慈悲地共情分享和接纳另一个人的感受，而不让这些感受压倒、孤立或主宰亲密关系的命运。慈悲的共情允许无条件地接纳他人，并承诺不带有恐惧地进入一个分享和亲密的空间。这才是真正亲密关系中的真实力量。

### 行动

选择一个同伴进行这一步骤，可以是你的伴侣、配偶、上一个阶段和你一起努力的人，也可以是某个其他人。

1. 更深入地探究以理解你的歌舞套路的含义、动机和机制。它保护你免受什么？它是怎么做到的？
2. 邀请朋友和其他人与你一起进行头脑风暴，确认建立相互赋能的关系的策略、例子和技巧。这引出“恢复”的一个矛盾的方面：赋能是从学会容忍没有答案或无法解决问题发展而来的。这个行动主要是让你习惯于说：“我不知道。”正如不知道会让人感到安慰，承认自己害怕会让人感到安慰，接纳也会让人感到安慰。
3. 意识到你没有解决方案不会转化为软弱；赋能实际上是力量增强的标志。你越深入、越诚实地参与到这一过程中，你就越不会觉得这是一种冒险，也就越能为你慈悲的共情和亲密关系创造更多空间。

## 第四步：替代选择

### 领悟（啊哈）

利用在前几个步骤中所学习到的，你现在可以发展出与世界互动的方式，无论是在你的生活中，还是在你身边重要的人的生活中，这些方式不受以往的那些你保护自己免遭风险的方式的制约。慢慢地，你会变成一个足智多谋、才华横溢的人。奇怪的是，你的个人天赋对你和别人来说都是一个惊喜。你过去学会了隐藏你的才能，以保护自己不被劫持到你无法控制的照顾者的套路中。如前面所述，当你还是个小孩的时候，你害怕没有人能照顾你，你就习得了适应性。

当你继续前进的时候，提醒自己，你的旧生活方式并不是因为不好而被打破或为之感到羞耻；旧的习惯是一种你在意识到必要时学会的适应办法。现在，你可以用爱和温柔重塑它们，而不必反抗、责备或害怕被骗。你正在学习在这个世界上占据一个新的、更有思想的位置，对自己慈悲，对别人所能提供的东西持开放态度。

新的自我理解允许你这样做：

- 改变你对生活的看法——过去、现在和未来；
- 改变你对他人的看法和联结方式；
- 改变你对待亲密关系的方式和行为；
- 探索与他人合作的成长和变化的可能性，以及
- 改变旧习惯，让自己活在一个不会让你有不满意、内疚或怨恨的模糊感受的世界里。

### 方法

盘点是自我—他人评估的一个不可分割的组成部分。它是实现 40—20—40 模式或在中间部分相遇的一种手段。正如“库存清单”这个词所表明的，你要

考虑到你的赤字和资产——你想要改变的部分和你认为你的优势的部分。将这些信息用于发展互动的方式。

当你在盘点的时候，在不夸大的情况下，对自己的优势给予应有的肯定，避免把你的赤字写得大大的，使得你只能看到赤字。任何一个方向的夸张都会妨碍你对自己的真正理解。

当你盘点的时候，你可以尝试对别人和你自己的不同的观点，也可以尝试伴随认知而来的新行为。试一试与他人相处的新方式，新方式不是基于你小时候习得的恐惧心理。

### 行动

在此过程的这一部分中，你将再次需要一个值得信赖的伴侣或同伴。你可以找一个在恢复的其他阶段和你一起努力过的人，或者一个让你感觉舒服的人。

1. 创建一个自我—他人评估或你的资产和赤字图表。如果你正在和伴侣或配偶一起做 DREAM 序列，这个练习应该一起进行，你们可以一起讨论，或者讨论可以推迟到你们都能舒服地谈论它的时候。毕竟，这部分只是盘点，是看已经有的东西。
2. 尽量做到清楚明了，用具体的例子来说明你的弱点、优点，令人害怕的部分和自己害怕的部分。清单可能包括你不理解的经历、反应和感受，比如“当我____时，我有时会感到害怕”或“当我不得不做____我想要____”。甚至那些唤起你对自己的强烈情感的记忆，无论是愉快的还是不愉快的记忆，都是有用的，比如“当我不得不做____的时候，它会让我想起____，把我吓得魂飞魄散”。
3. 这一阶段要求你，总是要仔细认真倾听，以温柔和尊重的态度对待你的伴侣，因为你也想要自己的盘点清单被认真倾听。记住，目的不是吹毛求疵和批评；目的是练习带着慈悲而不带评判地倾听。
4. 创建替代方案时，要谨慎地考虑如何消除赤字，以及如何充分升值资产。你和你的伴侣谈论你们各自的特质时应该都感到安全。考虑如何利用你自己和你的伴侣的资产来应对赤字的方法。

## 第五步：互惠关系

### 领悟(啊哈)

自我—他人评估允许你与伴侣、家人、同事或其他人建立和保持相互关系。到目前为止，在练习中，你一直将它的基本原理带入练习中，所以你已熟知它是如何起作用的——它的基本规则、目的和目标。作为一个模式，它是 DREAM 序列的第五步——“互惠关系”的范式。

但是老习惯不会因为做了一系列的练习而消失。练习是一种减少思维模式力量的技巧，而这些思维模式产生的行为已经发展了多年。然而，考虑改变的决定是改变的开始，大脑会立即记录下来。

在恢复过程中，使用 DREAM 序列的最大任务可能是屈服于这样一种想法，即假性亲密关系的代价大于好处。只读一次这本书和做一次练习不太可能解决你脑子里的那个问题。事实上，放下你的歌舞套路的想法可能会在你头脑中拉响警报。但你的生活可能会有所不同的想法足以让你下定决心并坚持下去。只要记住，解除你根深蒂固的防御不会在一夜之间发生，旧的行为可能会重新出现，就像人们从上瘾或虐待关系中恢复一样。让熟悉的事物失去控制需要时间，包括你熟识的和别人联结的方式和使自己感到舒服的方式。但 DREAM 序列中的练习是一种实用的方法，可以打破旧的坏习惯以及它们背后的思维模式。

随着你继续练习时，你自我暴露和练习反应预防的能力就会加强。你会更加觉察到那些会促使你选择假性亲密关系的潜在情绪状态。在你容忍和从这些情绪状态中吸取经验教训时，渐渐地，随着自我暴露增加，你会阻止自己用不起作用且根深蒂固的旧方式去对那些情绪做出反应[2]，当一个旧的丑陋的习惯开始抬头，你变得对做出“不，谢谢”的反应有更好的准备。这样做会立即为你的新习惯腾出空间——你的大脑开始为新习惯创造路径——最终，为生活的自由、自发性和不可预测性腾出空间。

矛盾的是，这一变化或者打破头脑闭锁状态发展进行着，当你越来越善于将焦点集中于自己——你的优点和你自己的感受——在你焦虑时，越来越善于对恐惧带给你的一切负责，把一切都做好，只要你告诉自己真相是什么。用这种方式创造的改变比正面的对抗、批评和愤怒更有效。这样做对于学习实践合作和互惠是必要的，这是真正亲密关系的必要条件。

### 方法

或许，长久的陪伴是健康的亲密关系最好的标记。换句话说，我们身边的人——尤其是那些和我们亲密接触的人——揭示了我们生活中爱的质量和开放程度。

合作和互惠互利——互通有无是亲密关系最典型的特征。但这也是让人有归属感的决定性特征。不那么明显的是：慈悲是关键；同情慈悲减少了孤立从而减少痛苦，但当它与仔细调谐的共情结合时是最有效的。

现在，从实际出发——你如何从相互作用、亲密和慈悲的角度来探索你的生活？

再一次地，使用类似于明确和评估你的个人特质的盘点过程。然而，在这种情况下，你在剖析你的生活特征和你对这些特征的感受，同时牢记分享、互惠互利的实践。当你进行这个练习时，明确你可以采取的具体行为和行动，这些行为和行动可以引导你进入健康的思维。这有力量创造出更健康的关系——不仅仅是浪漫的关系——而且是你生活中的每一种关系。

抛弃假性亲密关系陷阱的另一个好处是，它消除了无用的指责游戏存在的空间。相反，你培养出自己拥有人际关系的能力和愿望。

### 行动

与陪伴你走过这一过程的人再次相见。列举并简要讨论一下你们共同努力所引起的变化。

1. 你们每个人都察觉到了什么变化？

2. 你能明确哪些变化影响到你们每一个人？

3. 什么变化对你们关系的动力有重大影响？如果你和不止一个人进行DREAM序列的实践，这些要点应该和每个人单独讨论。

4. 聚焦于互惠关系，对你从对方所提供的事物中获益的意愿，你看到了什么变化，有什么感受？对任何改变的发掘都是有用的，但要尝试去处理之前已经确定的改变。

5. 焦虑和对安全感的需求是如何为你的假性亲密关系埋下伏笔的？

6. 你的思维方式和你所作的选择如何成为了假性亲密关系的组成部分？

7. 回顾过去，引用至少两个代表了基于GRAFTS行为列表的关系的例子。

在进入下一章的克里斯(Chris)和莎莉(Sally)的DREAM序列实践例子之前，想一下科莉特(Colette)作为表演者、彼得(Peter)作为被动攻击型观众的例子。看看他们如何通过重新想象自己的生活来为恢复关系作准备。对他们来说，提议改变他们与他人的关系是什么感受？他们害怕的事哪些会发生，哪些不会发生？在他们开始重新想象自己的生活时，把你自己放在他们的位置上。但请记住，虽然这个过程大部分是有意识和刻意的，但直觉和不可预测性在人类互动过程中持续不断地起着作用。

## 很难找到好自我：表演者重塑她的生活

像许多表演者一样，科莉特不知道她是如何运用她的歌舞套路的。她美丽、聪慧、受过良好教育，她不明白为什么她还是单身。在她38岁的时候，她就很成功——甚至还有点工作狂——她相信自己已经准备好和合适的人安定下来，并建立家庭。

科莉特读过很多关于约会和寻找完美伴侣的自助书籍，并且记住了很多关于做什么和不做什么的规则。治疗使她看到了对于承诺她感到的冲突和矛盾心理。她试过网恋，这也只带来了几段迅速结束的短期恋爱关系。

科莉特没有意识到，她深深投入到了一种旨在转移坠入爱河可能性的歌舞套路中。但她诚实地接受了这个策略。像其他表演者一样，科莉特也成了父母的照顾者。科莉特出生后不久，她的律师母亲就回去工作了，把科莉特留在家里，陪着她那抑郁的父亲，一个不成功的艺术家。不久，科莉特就承担起了让她父亲高兴起来的责任。

在和她约会过的男人建立亲密关系反复失败后，科莉特开始怀疑她的过去是否有什么因素对她不利。她决定认真审视自己的过去，这是她进行 DREAM 序列的开始。

在“发现”阶段，科莉特重新把自己和那个为父亲进行表演套路的小孩联系起来，而父亲的婚姻和事业都被证明是令人失望的。科莉特的能力要么是好的、正确的、有趣的、聪明的——从 GRAFTS 图表直接看出——是唯一能给她父亲的生活肯定和意义的东西。

当科莉特进入“修复”阶段，她就能够承认，她童年的歌舞套路基本上成为了她的求偶仪式，她把过去要让父亲快乐的需要带到了成年。更进一步的是，科莉特意识到她的童年套路把她的注意力从无意识的感觉上转移开，她当时总觉得她的父母在一起并不快乐，并且对为人父母不感兴趣。

随着科莉特年龄的增长，这种冲突已经变成了危机。她母亲与家庭生活的疏离使科莉特几乎把她的父亲看成是一个被她母亲遗弃的孤儿，而她自己则是被困在无法逃脱的境地。她的父母对彼此的漠不关心，使这种冷淡疏离的情况更加糟糕。

当科莉特继续修复过程时，她越来越能够明白她的约会方式和对亲密的看法是老套路的重复，其目的是消除她被独自一人留在无法控制的可怕的世界的焦虑。在意识层面，科莉特似乎在寻找像她父亲一样需要她来修复的男人。然而，现实是不同的；她选择的男人并不像她的父亲，他们抵制她坚持的修复套路，并最终逃离。

在心理防御方面，发现或承认对修复是必要的；而修复是实现 DREAM 序列第三步获得力量的必要前提。在很大程度上，赋能是自然的过程，而且不夸张地清晰表达自己在混乱的假性亲密关系中位置的能力。它包括认识、理解和接受我们所处的位置和我们一直在做的事情。

对自己过去的认识和有意识地承认，并能够看到自己的行动，给了科莉特一个平台，在此，她可以承认自己根本没有努力去约会男人。相反，她总是在寻找一个项目对象——某个需要她鼓舞和修复的人。在她做了她需要做的事情之后，她想让他们离开。这是科莉特的领悟时刻。

当她看清楚自己的样子时，就暴露了科莉特生活中另一个至关重要的事实：照顾父亲使她悲伤、绝望和精疲力竭，同时也教会了科莉特不要让那些可能对她感兴趣的男人接近她。通过这样做，她避免了自己可能再次被另一个男人棘手的抑郁症困住和惩罚的可能性。总之，科莉特的套路就是修复他们，然后把他们移出自己的生活。为了确保把套路一直进行下去，科莉特只被那些拒绝修复的男人所吸引，或者当她开始和他们约会的时候她相信这一点。

能够清晰表达她的爱情生活策略几乎立刻让科莉特看到了各种选择，并进入了第四步，替代选择。明白了她和父亲一起实施的由于恐惧而采取的游离策略已经破坏了她与男友的关系，她想获得力量控制这个无意识的策略，并结束它。

在意识到她是如何用她的修复套路把男人们赶走之后，科莉特决定学着用不同的方式；她已经准备好了迎接最后的一步：互惠关系。尽管放下套路让她觉得自己很脆弱，没有准备好重新回到约会的舞台上，但她还是决定试一试。

科莉特有许多吸引男人的个人品质。当她准备重新开始约会的消息传开时，她的一位同事的哥哥——她多年前为他心动过——不失时机地来约会她了。DREAM驱动的联结将科莉特的生活提升到她无法想象的程度，更不用说实现了，除非她冒险，允许一个男人成为一个伴侣，而不是一个项目对象。

### 远距离的爱：观众重塑他的生活

虽然这块大陆把彼得和他年轻时认为挽救了他的大家庭分开了，但他仍然对他们扮演着观众的角色。他觉得自己的商业成功是他们的功劳，并且竭尽全力地显示这一点。

彼得每年回加勒比海的家好几次。尽管他在美国生活和工作了十多年，但他并不觉得自己已经移居了。他坚持认为，他的根仍然与他的家人在家里，特别是他开餐厅的姑姑和姑父，他们是他的主要照顾者。彼得认为他们照顾他是因为他父母没有时间陪他。最终，彼得去了纽约，搬去和他的表妹，姑姑和姑父的女儿，一起住。

彼得和他的表妹开了一家自己的餐馆，做得很好。然而，无论彼得工作多么努力，还是餐馆的人气如何高，他都觉得经济上没有安全感。尽管他和他的表妹共享一个家，但他却被孤独的感受所烦扰。与此同时，他矛盾地无法克服这样一种感受：他必须向姑姑和姑父证明自己，并对他们为他所做的一切表示恰当的感激。

这听起来像是一个相当可悲的故事——如果它是真的，的确可悲。但是，事实是，彼得的父母的确尽他们所能在照顾他。但是他们有四个孩子要养，他们两人都至少要做两份工作，以维持家庭的生计。

彼得姑姑和姑父经营的餐厅受欢迎使他理想化了他们。他感到很荣幸地被他们所挽救，事实上，甚至他还是个孩子时，他们让他在餐馆里工作很长时间，工资也很低。但是，彼得认为自己受惠于他们，他有不同的说法，"我知道的关于餐馆生意的一切都是他们教给我的"。最后意识到无论他工作多么努力，似乎都没有什么好结果，彼得开始了 DREAM 序列。

在第一步，发现，彼得开始明白——在许多阻抗之后——事实上，他对姑父姑姑的奉承的理想化，是对父母的一种被动攻击，是报复父母缺席他生活的宣战。在他回加勒比海的家期间，他随意批评父母，而看起来又是个孝顺的儿子。甚至作为姑姑姑父仰慕的观众的角色也同样被蓄意用来惩罚他的父母。事实上，对他们的终极讽刺是，他在姑姑姑父教他的生意上很成功。

彼得产生的另一个新见解是能够明白他的姑姑姑父继续把他看作是那个他们在他小时候利用过的小男孩。虽然他为他的姑姑姑父扮演观众，但他们似乎并没有特别为他表演过。事实上，他们似乎对他一点也不感兴趣。

随着不断地解开童年岁月中所发生的一切，彼得承认，虽然长时间工作使他无法见到他的父母，但他不断地寻求其他家人的认可，进一步减少了他的双亲向他显示他所渴望的关怀和爱的机会。

过了一段时间，彼得可以看到，他的父母可能天真地以为他们做出了对家庭的最佳选择。不幸的是，他们想要做正确事情的愿望暴露了彼得的脆弱性，而且没有满足他感受被爱的需要。当彼得在发现阶段迈过了这个坎儿，第一次他让自己感受他需要和想念他的父母。作为一种奖励，当他理解他们所做出的牺牲，以及他们对他们的选择有多痛苦时，一个充满共情和关怀的地方打开了。他开始为这些年来对他们的批评和责备感到羞愧。

彼得和家人的关系不是他生活中唯一觉得不太对的方面。虽然住在纽约给了彼得他喜欢的生活空间，但他却刻意避免浪漫的依恋关系。从一个男人对他表白的那一刻起，彼得就让那个准男友知道他太忙了，不能谈恋爱。以这种方式，他避免了重演他的父母向他表现出的对爱情的失望。另一方面，彼得让他不感兴趣的表妹成为他的商业伙伴。他用对待姑姑姑父同样方式教自己去理想化表妹，即使如此，作为成人，她对他没有比她对餐馆事务感兴趣更多。但是她的疏离对彼得来说不是问题，因为在假性亲密关系上建立的生活通过控制依恋的程度来寻求安全。

随着对自己和家人新的看法逐渐生根，彼得越来越渴望把愤怒和责备抛在脑后。他积极地，一点点，一个一个地寻找，把家庭中所有的角色和关系都放在适当的位置——包括在他成长过程中没有好好对待过他的姑姑和姑父。换句话说，彼得已经到了在DREAM序列中迈出下一步的完美境地。

随着彼得进入修复阶段，越来越清楚的是，在他的整个生活中，他一直故意让自己不在场，以免对爱情感到失望。意识到这种行为始于他的父母，他知道这种改变必须从他们开始——下一个轮到自己。

首先，彼得在回加勒比期间改变了他的优先事项。他想了解以及去爱他的父母，因为他从来没有这样做过。当然，这花了一些时间，分散到了许多次拜访中——拜访包括数小时的谈话，其中充满了他自己悲伤和痛苦的承认。但当他听到父母讲述他们在孩子出生前后的生活时，他既激动又着迷。

修复开始于彼得愿意改变、说出和倾听关于他和他的家庭的真相。这个行动听起来很简单，但对彼得来说，它的力量足以改变一切。由于急于改变自己的生活，彼得在修复的过程中走上了快车道，出乎意料地进入了下一步。

彼得为赋能作好了准备。他不仅想改变他的生活，而且他还积极寻求重新发现和恢复他与父母的关系。同时，他要让姑姑姑父和表妹感觉他们对他的成功很重要的需求也消失了。也许最重要的是，当他开始理解父母对无法与儿子联系感到痛苦时，驱使他前往加勒比海的恶意已经烟消云散了。

彼得与自己的痛苦联系在一起，同时也理解了父母多年来所遭受的痛苦，这对摆脱假性亲密关系至关重要。这不仅为对父母产生共情扫清了空间，也为他们三个人建立起了新的关系，开辟了一条充满慈悲的道路。

放下旧的假性亲密关系的方式为彼得和他的家人的探索和选择开辟了空间。出乎意料的是，彼得发现他对坠入爱河的忧虑和他对父母的愤怒一样站不住脚。换句话说，彼得的头脑闭锁在这一步开始打破。这就为彼得的两个重大突破开辟了道路：他变得为自己感到自豪，因为自己的努力让餐馆成功经营，而不是感到被迫这么做只是为了安抚对家人不明确的感情，他和自己自然形成的圈子里的人建立了真正的友谊，并开始享受和有趣的、合适的人约会的乐趣。

最后，扫清了障碍为相互关系腾出了空间。在彼得和他的父母分享故事的时候，多年来令人困惑的隔阂让位于真正的联结、爱和彼此的自豪感。他们能够一起分享过去的痛苦和困惑。彼得能够告诉他的父母，在他成年后的日子里，他过去的经历是如何让他害怕亲密关系的，他的父母也能够带着一些悲伤和泰然接受他们儿子生活的这一部分。

与此同时，彼得和他的姑姑姑父之间的关系也发生了几乎未被察觉的变化。他以合乎情理和具有洞察力的感激取代了他对他们近乎奴性的尊敬。起初，这对各方来说都有些陌生，但这种关系也变成了一种相互尊重的关系。

---

**迈向积极的改变**

---

DREAM 序列的目的是为你自己创造一个新的生活形象。所以要大胆些，没有人会嘲笑你，或者追究你错过的机会，或者误读自己或他人。这些指导原则可以帮助你，但要让你的想象力带你到任何它想去的地方。

**第 1 部分**

1. 思考你的歌舞套路。
   - 你什么时候开始歌舞套路？你还记得为什么吗？当时，你和你最亲近的人都发生了什么？

- 你能把你的套路看作是照顾某人的一种方式吗？那个人是谁？你想怎样帮助他或她？
- 你还记得在你生活中其他时候为朋友、同事或其他人用同样的套路吗？套路是什么样的？它是如何帮助他们和你的？
- 在恋爱关系中也发生过同样的事情吗？为满足对方的需求你不得不给予了什么？

2. 现在想想，当你开始感受到，总的来说，你的生活不正常的时候是什么样子的。
   - 当时发生了什么事，你当时的想法和感受是什么？
   - 你把这些感受与过去发生的任何事情联系起来了吗？你是怎么回应的？
3. 通过审视自己，你已经完成了一些困难的工作。基于你一直在阅读的内容：
   - 你能描述一下你对他人的感受的变化和你与他人的关系的变化吗？
   - 你能将情感上的变化与你对歌舞套路的了解联系起来吗？

**第2部分**

1. 试着想象一下，如果你脱离了与他人的假性亲密关系并开始建立真正的亲密关系，你的生活会变得不同。
2. 回顾一下在本章开头的 DREAM 序列。在你考虑每一步的时候，对那些吸引你注意的项目做笔记，把它们写下来。建议你这样多做几次；不同的点可能会在不同的时间突然出现，而且在你继续做这个练习时总是可以回顾一下。
3. 通过 DREAM 序列表中的项目，看看你对自己以及对他人的看法。在哪些方面，你能看到变化，或者至少是变化的可能性？记住，看起来很小的变化可能比你意识到的更重要。
4. 你的阅读和这个练习是如何改变你对特定关系的看法的？一般关系呢？
5. 最后，看看 DREAM 序列的五个步骤的名称：
   - 确定可以在你的生活中开始使用的具体明确的行为来作出你想要的改变。
   - 在每一个新的行为旁边，写下恐惧的事或其他可能妨碍尝试新行为的问题。
   - 最后，想想那些你可以做或可以提醒自己的事情，它们可能会帮助你克服恐惧。

# 第 11 章　实现梦想

由于假性亲密关系，不论你失去了什么，或无法得到什么，逃避的需要是不足以让你进行改变的，你得想要去做。要摆脱假性亲密关系，你需要与世界保持清醒和现实的关系。

在阅读克里斯和莎莉的故事时，根据需要可参考第 10 章中的 DREAM 序列图，以明了整个过程。

## 步骤 1：发现

莎莉和克里斯没有治疗师的指导，也没有严格遵循步骤框架，就偶然地进入了 DREAM 序列。如果一方或双方都确定了一个机会之窗，而且双方都愿意共同承担一起逐步完成的风险，这种情况就很容易发生。

一个星期天的下午，克里斯和妻子莎莉在一起闲逛。他偶然在一本很受欢迎的杂志上看到一篇文章，文章说许多伴侣都有长时间没有性生活的经历。“突然之间感觉是正常的真好。”他带着一丝讽刺对莎莉说。

这时“发现”产生了——发现出了问题——真的有问题。

克里斯和莎莉不知道发生了什么事，他们突然面对一个关于他们关系的令人不愉快的现实，以及一个改变这种情况的机会之窗。片刻之前，他们几乎完全不知道在他们共同生活的大部分时间里，他们一直被头脑锁闭在一种安全的假性亲密关系中。

许多以为处于亲密关系中的伴侣在对他们的性生活进行粗略的检视后发

现有些地方出了严重问题时都会感到吃惊。与直觉相反的是，一个与性有关的严重问题并不是常常让人们走上“发现”之路的方法；相反，忽视这个问题是他们头脑锁闭状态默默同意的条件之一。

就像对需要面对的挑战进行认可和接受的最初步骤一样，DREAM 序列中“发现”这一步骤需要意识到和承认出了问题，其中包括意识到这个问题影响了一个人的大部分或全部的交流互动。这与促使人们寻求心理治疗、生活指导、冥想练习、十二步康复计划和其他促进个人成长的策略的动力是可以相提并论的。

一开始，克里斯和莎莉的发现似乎并没有特别的惊天动地，也没有对假性亲密关系有深刻的认识。然而，如果有人问起，他们都会声称自己是对方的照顾者，但却没有得到什么回报。克里斯对他的妻子和孩子的关爱并不是公开表露的，这让莎莉相信，她可以理所当然地宣称自己是针对克里斯的观众角色的表演者。他们的歌舞套路多年来一直没有引起注意，这就是假性亲密关系的本质。然而，出于某种原因，克里斯对他们没有性生活的间接提及让他们俩都很不愉快，并开始改变。

## 步骤 2：修复

虽然克里斯和莎莉都没有有意识地躲避性生活，但他们确实失去了他们刚搬到纽约并在一个方便家庭生活的社区定居的那段时期所拥有的亲密和分享关系。两个人都是喜欢各自工作的专业人士——克里斯是一个医务辅助人员，莎莉是一个护士。两个孩子的出生使这张全家福从外表看上去更加圆满了。然而，完全符合假性亲密关系的模式，他们的关系对两人来说都没有感觉特别好——也没觉得它特别不对劲。事实上，是几乎没有什么感觉。

正如前面提到的，克里斯是一个更像表演者的伴侣；他做了大部分的家务，包括做饭和照看孩子。然而，在他们的婚姻生活中，他越来越感到分离，他把这种分离解释为是莎莉对他们生活感到悲伤和失望的结果。克里斯通过想尽一切办法使莎莉相信她对他们的生活和家庭的贡献更加重要来提出自己的看法。

考虑到他做了大部分的家务和照顾孩子的工作，这可不是件容易的事。他们的关系中最容易被忽略的事实是，虽然克里斯实际上是表演者，但他故意替代选择让自己成为莎莉无表演的观众。从某种意义上说，克里斯简直是英勇无私。然而，在现实中，这并没有抹去他对他们共同生活从内心深处感到的不快。

---

莎莉的父母在家乡经营着一家成功的小企业。父亲和一个企业员工的丑闻毁掉了企业和与她母亲的婚姻。

这时莎莉前来挽救。她扮演了表演者的角色，成为一名杰出的社区志愿者和做善事的人，从而恢复了她的家庭在社区中的地位。此外，她还不明智地让自己成为挽救父母婚姻的人。为了解决问题，她在父母两边战线上来回传递信息，调整这些信息，她希望能让父母更愿意和解。

结果适得其反。当莎莉的父母意识到她在操纵他们时，他们都冲她来了，开始利用她作为他们不良行为的替罪羊。尽管这样做居心叵测，但暴露了家庭内部更深层的功能障碍。莎莉对父母的养育照顾是老模式的一部分，在那个模式中，她试图纠正在自己的成长过程中接受的冷漠无情的养育方式。所以小时候为了从父母那得到所需的照顾，莎莉变成了她父母的照顾者。长期扮演父母的照顾者的最终结果就是莎莉与他们疏远了。如孩子们所轻信的，莎莉相信世界是——必须是——公平和公正的，她认为自己应该对家庭的分崩离析负责。当她步入社会，她不可避免地将这种无能为力和自责的负担带到了自己的婚姻中。

克里斯是四个孩子中的老大，父亲和祖父都是在马里兰州巴尔的摩市家族经营的税务筹划公司的会计。公司店面一再遭到破坏后，全家人搬到了中西部的一个小社区。

尽管离开家和朋友对克里斯和他的兄弟姐妹来说是很困难的，但是这个改变让他的父母如此痛苦，以至于把孩子们的需要都抛在了一边。这次搬家产生的糟糕情绪严重到最终使克里斯的父母和祖父母之间产生了隔阂，他们都是家族企业的所有者。造成的伤害是无法弥补的，让克里斯的父母深感愤怒和怨恨。

克里斯和莎莉的家庭经历有共同点。他们两人都在家庭生活极为艰难的时期扮演了照顾者的角色。他们也用消失来应对他们的痛苦——克里斯的长辈们基本上让他从家庭生活中消失了，而莎莉则主动让她对家庭创伤的感受“消失了”。

出于可能无法解释的原因，莎莉和克里斯在那一刻准备好了——当克里斯读那篇杂志文章并对他们的性生活发表评论时——感到失去了他们过去共同创造的东西——这一失去的东西从未得到承认或为之感到伤心难过。并非巧合的是，他们就是这样对待与原生家庭失去联结的——假装没有发生过这样的事或这根本不重要。

当克里斯发现自己娶了一个不能照顾自己孩子的女人时，他不仅又当爹又当妈，而且还不厌其烦地让莎莉对她完全没有尽到养育责任而感觉更好，他成为对莎莉作为母亲的虚假表演充满赞赏的伪观众。这包括克里斯假装把对家人的照顾交给莎莉，让她相信自己在做着照顾家庭和孩子的伟大工作。讽刺的是，莎莉也让克里斯相信他的计谋对她是有用的，但她从来没有摆脱不安的感觉，觉得自己做什么都不够好。

长期陷于假性亲密关系的伴侣突然准备改变的情况的确会发生。一段关系不必迅速瓦解或突然崩溃和让人怒火中烧以指出这是假性亲密关系或促成变化。许多在亲密关系中隐身的人并未身处吵闹的关系中，而是处于平淡的关系中。因此，当机会之窗打开时，不要迟疑，拿起手中的修复工具；突破可能比你想象的更接近于你。

克里斯和莎莉就是这样的。一旦他们把防御降到足够低并开始一个关于性生活缺失的对话，他们几乎立刻想起并重新联结到多年前让他们互相感到兴奋过的“彼此”。

## 步骤 3：赋能

在克里斯对他们的性生活做了轻微的嘲讽之后，他们的婚姻本可能立刻彻底结束。当他们看着对方的眼睛时，克里斯和莎莉吃惊地看到记忆中的对方，虽远但并不冷漠。在接下来的一瞬间，双方都意识到他们在共同密谋以避免暴露自己个人的和两人共有的脆弱的地方。

他们还没眨眼的工夫危机时刻就过去了。相反，很长一段时间以来，克里斯和莎莉第一次愿意看到彼此浮出水面。既没有同意也没有争论，他们开始恢复对彼此的关心和对彼此暴露弱点，这些都长期掩藏在他们的歌舞套路中。

他们彼此意外的这一瞥，打开了他们锁定的在一起的愿望。默默地投入到这个过程中，莎莉和克里斯一帆风顺地从发现到修复和赋能。伴侣双方都承认关系中出了一些严重的问题，并表达了要改正的意愿。通过这样做，他们立刻接受并给予彼此赋能的权利和场所。每个伴侣现在都可以看到并接受对方在关系中的无能，并重新考虑各自为他们的共同生活带来的长处和天赋。也许非常关键的是，他们能够描述和接受他们为彼此所扮演的多面的表演者和观众的角色。

如果他们知道彼此的真实感受，说出他们关系的真相使双方在这种关系下感到的恐惧都会消失，包括害怕他们的共同生活将会化为乌有。在谈话深入下去之前，莎莉突然领会并说明她对克里斯和孩子们表演的徒劳无益的照顾，是徒劳无益地试图弥补她未能挽救她父母的婚姻。出于对莎莉的关心，克里斯也承认他掩盖了自己的表演套路，为了莎莉会对自己感觉好些。但事实是，由于害怕莎莉会把他看作是一个威胁或负担，克里斯尽可能地消失，从而使风险得以消除。

当他们说出了这些他们过去关系中令人不安的部分，克里斯和莎莉不再对彼此形成威胁。与头脑闭锁相连的高警戒信号开始关闭，让每个人都产生共情地去听对方追溯到他们相遇之前的恐惧和孤独的故事。他们很容易就能看到这些故事和他们关系中的故事之间的联结——起初在一起的兴奋和激动，在他们越来越亲近的时候，变成了焦虑，最终成了他们创造的为了防止他们了解彼此真相的歌舞套路。

克里斯和莎莉的故事突出强调了慈悲的共情的力量和微妙之处，因为它消除了恐惧，使伴侣双方都赋能，能够在彼此身上看到自己。

## 步骤 4：替代选择

在那个星期天的早晨，克里斯和莎莉没有突然走向卧室，虽然他们彼此赤裸，这是他们从未有过的——向彼此显露了他们隐藏的、受到惊吓的灵魂。他们兴奋地意识到，在经历了许多风风雨雨之后他们的关系并没有分崩离析，他们可以学着合作一起去重建他们的生活。

那天的坦诚分享揭开了他们从未敢于透露而小心保守的秘密，而现在正成为他们共同前进的基础。当他们谈论他们的歌舞套路，他们开玩笑般地开始取笑他们的恐惧和死板。而这种玩笑是他们为在一起比想象中更深层次的投入的开始。

## 步骤 5：互惠关系

那天早晨他们谈话时，莎莉说："这有点好笑，当我们早上醒来时，计划怎么似乎从来没有改变。"

"是啊，这有点像我把我的展示给你看，如果你把你的给我看的话——只是没有人真的给任何人展示任何东西。"克里斯回答。

这就是他们如何开始对他们的愿望说"是"——对彼此的渴望——并乐于接受他们本来不知道和不会知道的兴奋，即接下来将会发生什么。只要他们一起经历，不可预知的事突然间似乎是一次奇特而诱人的冒险。

能够让你的伴侣在你的心里和你的生活中占有一席之地，带来的大概就是互惠的最大回报。奉献自己不用害怕遭到拒绝，接受对方也不用害怕自己的付出被抵消，这些就是亲密关系的标志——真正的亲密关系不会掩盖独立或耗尽自主性。相反，它建立全新的东西：一种真正的关系，关系的双方都不感到孤独，双方都想照顾和支持彼此。

回顾他们通过 DREAM 序列所做的一切，克里斯和莎莉纳闷他们怎么会如此不遗余力地彼此避之不及。他们所回避或抑制的东西现在是使他们重新激发的性生活如此令人兴奋的重要部分。真的，日常的恐惧和现实生活的危机仍然是他们生活的一部分，但只是一部分。今天的不同之处在于，无论发生什么事，克里斯和莎莉都可以并且想一起去面对。

## 格伦和梅让他们的爱打开了大门

下面这一节着重讲述在本书前面介绍过的一对夫妻格伦和梅。格伦和维姬婚姻的终结在第3章进行了详细叙述。格伦一直在接受治疗，试图弄清楚他是如何替代选择了假性亲密关系的。离婚几个月后，他遇到了一个美丽的日本女人，梅，她的故事在第6章中讲述过。他们的故事包括一个更详细的DREAM序列的运作情况。

起初，他们的关系看起来像是以前关系的重演。格伦模仿他和维姬的经历，声称在认识梅几分钟之后就坠入了爱河。他甚至将其描述为“被敲到了脑袋”，就像他和维姬在一起时那样。

自然，人们不禁要问：一个经验丰富的心理学家花了那么多时间在他防御性的歌舞套路表演上，怎么可能没有更好的办法来处理这个问题呢？把他的歌舞表演与梅的过去结合起来，将会暗示任何一个中立的观察者，这将是——有趣的。

事情开始于他们认识几个月后，梅搬进了格伦在格林尼治村的小公寓。他还在接受分析性培训，而梅在城市的另一个地区为一个社会服务机构做兼职的社会工作者。他们结婚不久就有了一个女儿。

正如本书之前所指出的，你的思想无法超越自己的感情。格伦和梅通过DREAM序列的冒险经历不仅像是越狱成功，而且还像是从单独囚禁中逃了出来。在脱逃的过程中，他们没有回避使用暴躁的语言和行为。

## 步骤1：发现

当格伦和梅开始约会时，格伦不愿意让梅默认观众角色，这激怒了她。梅对她置身事外的歌舞套路非常投入，并拒绝改变。然而，她和格伦都想改变这场游戏的规则——他们两个人的游戏。

但是，一生的防御工事的崩塌并没有立即为欢乐和庆祝扫清道路。格伦从他的第一次婚姻中吸取了足够的教训，知道没有摩擦并不是良好关系的可靠标志。事实上，正如发展心理学家告诉我们的，摩擦或失败是完成发展任务所必需的，包括建立亲密关系。换言之，失败是成功之母，这是伴侣建立亲密关系的一个重要过程。这种分享在格伦之前的婚姻中是完全没有的。事实上，他的第一任妻子甚至不允许任何关于他们的婚姻可能需要修复的建议。

当他和梅的婚姻开始动荡时，格伦不仅能够把它构建为一次机会，去处理似乎出错的地方，而且还开发了解决关系问题的工具。格伦已经开始相信，这种技能是配偶之间的伙伴关系必不可少的。

在这方面，梅从她的原生家庭中学到了她的不情愿和沉默寡言，在原生家庭里她的主要角色就是安静地照顾着母亲，看母亲遭受被家人否认的痛苦。格伦的成长经历是完全不同的；他的外婆是他小时候生活中的主要支柱，给他提供了他当时几乎才十几岁的母亲并未准备好提供的养育。当他的外公去世时，对女儿一家生活的担忧使得他外婆搬到了格伦和他母亲住的地方的附近。虽然格伦在整个童年时期仍然感到困扰和愤怒，但祖母对他的关心照顾使他感到足够安全，从而降低了他的防御，虽然只是稍微地降低了一点点——足以让他祖母无条件的爱感动他。这一经历证明了对格伦在后来的生活中相信自己能与梅一起进入发现阶段的能力是至关重要的。

容忍发现阶段对梅来说更为复杂。当她到达美国时，她几乎完全崩溃了。在社工学校，她第一次遇到了其他人——教授、专业人士和同龄人——他们把她看作为一个人和一个思考者而重视她。他们让她看到的自己与她从家庭中所了解到的自己截然不同。尽管如此，她对自己不讨人喜欢的深切感觉依然存在。她和格伦的关系不仅挑战了这一看法，而且甚至让她怀疑是否贬低自己是一个她用来避免亲密关系中风险的策略。

## 步骤 2：修复

格伦和梅使用互动式修复过程作为 DREAM 序列的第二步，为他们的关系创造了一个新的基础。互惠——每一方都学会确认和珍视对方提供的东西——帮助他们将潜在的灾难性的关系问题重新创立为学习和成长的机会。经过一段时间之后，双方都能够客观地看待管理危机的旧方式，即通过解离，使这种功能失调的模式变得不那么强大。最终，替代选择——这是一个深思熟虑的替代选择——抵消了威胁他们婚姻稳定的危机的力量。

但这并不是突然发生的。格伦和梅之前就已经确定了他们在假性亲密关系僵局中表演者和观众的角色，头脑锁闭状态使其各就其位。但他们需要实践，或许需要经历挫折去学会如何在冲突中找到出路。在一次特别粗暴的插曲中，梅对格伦很生气，于是她收拾了行李，买了一张单程票，带着女儿坐飞机去了日本。幸运的是，那时格伦已经学得够多，他明白在几个小时内，他将不得不跟随梅到她的父母家，并谦恭地请她回来。

到他们回到纽约时，梅和格伦很清楚，假装他们可以简单地离开他们婚姻的想法是两个人都不感兴趣的，不论在任何一个时刻，任何一天，或任何一周他们可能会变得多么的愤怒。他们不得不把会引起爆发的选项从桌子上拿走，并不再提及，否则他们将永远无法相互信任。

梅和格伦找到一位执业医师进行夫妻治疗，这个医师非常了解假性亲密关系，并清楚如何去解决这个问题。做出这个决定是非常重要的一步，他们新的意愿是每次来进行治疗时都是作为平等的人和盟友，这对重新巩固他们的婚姻是必要的。这包括学会使用自我—他人评估法，在评估中，每个人都把重心放在自己身上，说出关于他们的感受和恐惧的真相，并对其对他们的家庭产生的影响承担责任。通过这种做法，梅和格伦学会了无条件地接受对方给他们的关系带来和提供的东西，不管是好是坏。

学习这种团队精神包括诚实地对待自己，自律，并承诺无论发生什么都继续前进。今天，格伦和梅自豪地说，他们得到的回报已经远远超出了他们对婚姻最大胆的梦想。

## 步骤 3：赋能

在格伦和梅回顾他们在修复阶段所做的一切时，他们可以看到他们对待问题的惯用方法和对待彼此的方式是多么的黑暗。但他们也可以看到，放下彼此的戒备，哪怕是一点点，都会让他们对彼此的感觉产生微妙的、积极的影响。稍微打开愿意的门就足以开始让爱进来了。这改变了他们对爱是什么和爱能做什么的整个看法。最戏剧性的是，他们可以看到——没有一点点的宽慰——旧的防御和性格缺陷不一定会毁掉他们的婚姻。

格伦从他的表演者角色退出来后，他让梅在他们的关系中成为一个联合主演。格伦的第一段婚姻中从未发生过这样的事情；他的妻子似乎满足于一个受到严格限制的观众角色。然而，到格伦遇到梅时，他知道这已经不是他想要的了。在回顾了自己的过去之后，梅已经失去了接受做不活跃的女朋友这个角色的意愿。但这一变化不会是轻而易举的。

格伦和梅都没有经历过他们所设想的新角色以及如何使他们组成一个整体。但是当他们想出办法之后，他们投入到与对方一起散步，互相教导和互相学习中。这是慈悲的共情的精髓：愿意为彼此的感情、需要和恐惧创造一个安全的空间。说起来有点矛盾的是，实践中脆弱和殷勤导致赋能这一步，并为真正的亲密关系建立安全的空间。

## 步骤 4：替代选择

假性亲密关系中的人们不仅用它来隐藏他们的性格缺陷，而且也对彼此和对自己隐藏了他们的优点。当格伦拒绝接受他所熟悉的表演者角色时，他为梅提供了空间，让她能够看到并接受现实和她扮演观众角色的意义。结果，隐藏的优点被允许浮出水面，从而使她能够做出不同的替代选择，而不是那些她习惯的替代选择。空间已为她腾出——事实上是为他们俩——允许新的、开放的在一起的方式。当然，他们起初是谨慎的，但仅仅是开始了新的感觉，吸引着两个人向前进，这加速了意愿的形成和改变的过程。就 GRAFTS 行为而言，梅正在抛弃她“缺席”的行为，而格伦正在学习搁置他“好”的套路，即痴迷地试图修复他的妻子，而不允许她为他的幸福作出贡献。

即使在危机时刻，比如当梅突然逃到日本时，她无法否认，尽管她在去机场的路上感到很愤怒，但她无力将自己的心与格伦分开。他们之间的爱在任何时刻都没有改变，无论哪一方在想什么还是感受到什么。在处理这一段经历时，在几乎没有意识到的情况下他们两个都看到，他们作出了替代选择，不让他们的共同生活被一种传统的、黑暗的命运感所摧毁，那是梅的祖母带给她的原生家庭的。

“我觉得我好像从来没有被拥抱过。”有一天梅告诉格伦，当时他们正在挑各自给他们的婚姻生活带来的头脑锁闭的情况。

过了一会儿，格伦说：“我感觉自己像是被母亲紧握的拳头抓住了。”

这就是他们需要相互支持的格局——但要有一只对安全和风险伸出的手，而不必担心会被窒息或丢弃。这种新的、相互可用的替代模式极大地促进了他们长期以来所需要的愈合。

## 步骤 5：互惠关系

既然替代选择了改掉过去的习惯，决定寻找新的替代选择，格伦和梅可以自由地按照彼此同意的条件共同设计出一种新的生活方式。

开诚布公的对话和向往作为平等伙伴进行分享都是格伦和梅在新领地中决定要明确的方面。实际上，他们学习了 40—20—40 模式来创建一个共享的生活空间。在整体为 100％中，每个人都索要 40％留作自己的个人和隐私空间，而把 20％留给无条件的分享、对话和探索相互关系的样子和感觉。

40—20—40 模式是慈悲共情的舞台——分担愿意在没有恐惧的情况下倾诉和聆听的风险。用这种方法处理的危机越是深刻和可怕，关系生存和成长的前景就越好。

## DREAM 序列实践：慈悲的共情的设置

试试想象一次 DREAM 序列的演练。这种做法的主要目的是为了让你审视自己，看看你如何与他人相处。这可能包括对影响你生活的另一个人进行反思，其有自己的歌舞套路。那个人可能是一个浪漫的伴侣、家庭成员、朋友，或其他关系的人。

在每一个步骤的旁边写上相应的想法或简短的注释。提供指导，以帮助保持对这一特定步骤的关注。

**1. 发现**：写下新的见解或瞬间闪现的关于让你与他人保持安全距离的行为或替代选择。

可能的情况：这可能是可接受的社交行为，比如没有接电话或回避眼神的交流，但可能会更微妙，比如在派对上错过对你感兴趣的人的问题或暗示，或者忘记回复某个人的电子邮件。

**2. 修复**：查看发现步骤中识别的每个行为。为每一个行为设想一个替代方案，一个可以改变互动流程的不同的行为。这种新的行为可能看起来很小，但即使是很小的变化也会为处理不稳定的局势开辟重大转变的道路。

可能的情况：你无意中听到一位你有时会与之交谈的同事抱怨她被另一位同事对待的方式。你不用有意回避而走另一条路，而是用眼神交流，听她说什么，点点头，然后问她要不要一会儿去喝咖啡。

要记住的要点：你这样做不是为了解决同事的问题；你这样做是为了学会如何与他人相处。

**3. 赋能**：选择一个你已经确定想要修复的疏远行为。想象一下，在亲密关系中或你生活的其他方面，此行为可能会被改变的方式。

可能的情况：你正在和一个伴侣、亲戚或约会对象共进晚餐，对方正在描述其工作场所令人痛苦不安的状况。不要建议如何去修复那种状况，而是与对方进行眼神交流，并点点头；但在你脑海里想的是向后退开。这并不是要在你们之间拉开距离，而是要为对方结束其描述提供一个空间。当对方停下来等待你的回答时，再次点头确认其所说的话。这种做法并不意味着同意，其目的是让对方知道和你在一起是安全的，而不必怀疑你是否要争论或批评。

要记住的要点：这种做法并不是为了让人们认为你是个好人。相反，你正在学习允许别人说出他们生活中正在发生的事情的真相，而不用担心你会说什么。

**4. 替代选择：**在前面的步骤中，你练习了在沉默中接受一个你认识的人的抱怨或消极经历。在替代选择这个步骤中，学习分享经历的技巧，而不是认可接受表演者/观众，或救援者/受害者模式。

可能的情况：默默地聆听了另一个人的消极经历后，分享你自己的类似经历作为回应。注意不要把它说成是批评或提供建议。当你叙述你的类似经历时，把注意力集中在事情发生时和结束后你的感受上。如果你的感觉很混乱，或者要花时间去想清楚，这样的分享也是很重要的。

要记住的要点：与他人分享类似的经历可以提供学习倾听、参与或和另一个人一起记住痛苦经历的机会。它的目的不是给别人提建议或告诉别人本应该做什么。同样重要的是，在谈论你的经历时，避免以一种强迫性的谈话方式，说诸如“我知道你的感受”之类的话，这样谈话的重心就变成了你的事，而不是倾听。

**5. 互惠关系：**作为个体来实践互惠关系，需要比练习前面的步骤更多的想象力。但是，再一次，有意识地练习一项新技能会使你的大脑开始为这种行为创造新的、功能性的途径。

可能的情况：回顾一下在赋能和替代选择两个步骤中分享负面经验的做法。把你的意识带到对方讲述了她或他的负面故事之后的沉默。

- 回忆和想象你安静的点头。
- 想象一下，不管你认为自己能做得有多好，不给别人提建议或告诉别人他或她错在哪里，都是多么新奇的事情。
- 想象一下随之而来的安静。这种安静就是接受。它不包含评判，排除焦虑和忧郁。

现在翻转脚本。把自己的故事讲给你听的那个人,现在以接受的态度来回报你对他或她的接受。即使你为你的故事感到羞愧,它也以默默的,却充满了参与和同情的点头得到了接受。

- 想象一下,当你意识到你不会被告知你做错了或做得很糟糕的时候,你感到多么的宽慰。
- 出乎意料的是,你意识到没能控制一个情况或严重破坏了互动是不会让你失望的。事实上,它甚至不会让你紧张。

要记住的要点：这样做的目的不是否认你行动的意义或影响。相反,它是一种学习如何分享事实的技巧,这些事实就不会困扰你或你的人际关系。不再害怕被揭穿会使你有可能与他人建立真正的伙伴关系。

# 第 12 章　冲破藩篱的佐伊和维克多

“当我读到你博客的标题时，我就知道是时候联系你了。关于那个词——假性亲密关系。我知道——是时候做出改变了。”佐伊（Zoe）打电话给我们时说道。

佐伊第一次在我们的《今日心理学》博客上遇到“假性亲密关系”这个词，她想了解更多。“这说的就是我——就是我们!”经过咨询，她开始与丈夫维克多（Victor）一起进行 DREAM 序列。他们的经历深刻地说明了 DREAM 序列是如何改变一对夫妻的生活的。

“我们对彼此的爱称是‘一事无成先生’和‘泼妇’。不保证对婚姻的长期期望。”佐伊想了一下说道。在他们开始进行 DREAM 序列时，佐伊刚有了她的第一个孩子。正如她所想的那样，佐伊说，她觉得这更像是她的第二个孩子。她那受过良好教育的丈夫已经失业一年多了。在这种时候发现自己怀孕对他们双方来说都是一场危机，或者，从假性亲密关系的角度来说，是一个机会之窗。

佐伊和维克多多年前在大学里认识。虽然他们一直相互吸引，但他们从未成功地维持过关系。随着每一次重逢和最初的兴奋，他们的关系会再次熄火。然而，在讲述他们的故事时，两人都坚持认为，当他们重新建立关系时，他们又一次感受到了熟悉感——甚至是一见钟情的感觉。这种情况持续了十年。在经历了这么多年的近乎错过之后，这种避免接近的模式被解读为失败；没能产生联结或吸引；没能表达兴趣；没能促成或让关系发生，以及没能产生信任和爱。最后，他们终于成功地用假性亲密关系的歌舞套路替代了真正的亲密关系。

他们在一个有着共同生活外表的伙伴关系中安定下来。每个人都有能力诚实地做到这一点。佐伊来自一个严肃的学者家庭。她的母亲、父亲和弟弟都是十足的教授。由于和他们没有共同的兴趣爱好,佐伊实际上受到了家人的排挤,尽管她小心地掩饰了这对她产生的影响。她小心翼翼地向自己和她的父母保证,她过得很好,甚至为她的父母扮演了啦啦队的角色,当弟弟长大后,她又把这个角色延伸到她弟弟那儿。在把她在家庭中不那么重要的信息内化后,她让自己保持不碍事的状态,使她没有提出可能干扰她父母的重要工作的要求。她甚至为在成长的过程中把自己照顾得那么好而感到骄傲。然而,几乎从她第一次看到关于假性亲密关系的介绍,佐伊就知道她之前孤立自己,不仅让自己得不到所需的照顾,而且让她的童年和后来的岁月都非常孤独。

造成维克多童年的孤立和寂寞的原因是不同的。他几乎记不起他的父亲,在他弟弟出生后父亲就离开了,这就要求维克多为他的母亲和弟弟担当照顾者的角色。他拉丁裔的母亲跟随后来成为维克多父亲的英俊男子移民来到美国的康涅狄格州,然后父亲抛弃了他们。随着他的成熟,维克多意识到他的母亲和弟弟是多么依赖他。他形容他的母亲是一个美丽、体贴的女人,但她对他的依赖性因为她从来没有完全适应在美国的生活而变得更强了。这种在他成长时期的经历教会了维克多去感受,作为一家之主的男人,他必须不能需要或寻求帮助——这是他与佐伊共有的特点。

然而,当他遇见并最终娶了佐伊后,这一切突然改变了。因为维克多从小就在做照顾家人的事,他让自己享受被人照顾的"奢侈"的角色。对佐伊来说,她完全准备好了,也愿意并能够承担"照顾"的角色。

就这样,他们的歌舞套路开始了——并开始早早地失败。他们之前所扮演的角色是对他们小时候所受到的父母的不良养育的反叛行为。毫不奇怪,他们开始意识到,每个人提供的东西都不是对方想要或需要的东西。每个人都完全有能力照顾好自己,所以对方提供或强加的东西变得越来越烦人。他们开始暗地里向往他们之前没能建立关系的那些日子,那些年,尽管他们彼此有着明显的吸引力,但它们之间却没有联系。幸运的是,当佐伊和维克多(他们都是受过良好教育的专业人士)在博客上看到 DREAM 序列的问卷时,失败的想法就占据了他们思想的显著位置。

## 步骤 1：发现

佐伊先说道："我们回答了《今日心理学》网站提出的问题，我们知道我们遇到了麻烦。**我是否一直在试图拯救吸引我的人？** 那当然。但我们发现令人震惊的是我们两个都有这种感觉。天啊！"

维克多插话说："下一个问题是，**我是否一直希望他们会修复或拯救我？** 我们两人都不承认，但后来，我们俩都承认这是个秘密心愿。"

"是的，当时承认的确很艰难，"佐伊补充说，"**我是否把爱等同于照顾？** 哦，上帝！是的。"

维克多点点头："是的。"

"**即使我得到很少的回报，我也会继续为我的伴侣付出吗？** 是啊。"

"不——这次不是，"维克多说，"但过去我总是那么做。"

"**我的关系感觉更像工作还是娱乐？**"

"工作！"他们同时喊道。

"**它们让我有活力还是让我筋疲力尽？**"

"筋疲力尽。"他们都回答道。

"**它们丰富了我的生活吗？** 哈。你觉得呢？"维克多答道。

"我觉得自己是个彻底的失败者。我觉得这一切都取决于我自己。"佐伊总结道。

佐伊和维克多最初的共同发现之一是，多年的失败为他们提供了许多机会来解决他们心照不宣的协议。最好的例子可能是他们转换角色的时候。佐伊成为维克多的表演者顾问，告诉他如何通过找到工作来完善自己，而维克多则扮演观众的角色，假装自己无能并需要佐伊的管理技巧。

维克多很惊讶，要他抛开他的老套路是多么容易。

维克多：甚至在不知道的情况下我就放弃了那个老角色。如果你问我，我会告诉你，照顾佐伊和我们的女儿就像一份全职工作，因为我没有(一份通常意义上的全职工作)。每天醒来，我都会对自己说，即使我没有工作，我也会用我在家庭生活中投入的那么多来弥补。

佐　伊：扮演这个照顾的角色真是可怕，有时几乎让人感觉麻痹，无法得到维克多任何表示关心的回应。然而，与此同时，我告诉自己，**我不需要任何人来照顾我**；但奇怪的是，这样很痛苦，我也不知道为什么。维克多对什么事都很消极，这真让我生气。而且很伤人——伤害了我的感情，让我很害怕。在内心深处，我在想是否有人会问我是否需要或想要什么。但这更多的是一种感觉、怨恨，而不是实际的话语。我知道我很生气，但我也知道——我以为我知道——我并不想让任何人认为我需要他或她。太混乱了。

到我开始意识到我不能再这么做的时候，这支日本乐队，Cibo Matto，发行了一首歌，其中有一句歌词触动了我——生活在我想生活的地方，但像个幽灵生活在那里。它对我说——那个词，“幽灵”。我知道——我还记得维克多多年前的样子——还有我自己的样子——我知道那就是我们的生活方式：就像我们自己的幽灵。

维克多：我无法做到，无论我如何努力，即使我感觉到如果我没有找到一份工作，并承担家里更多的责任，我们的关系也将会碰壁，就此结束。但与此同时，找工作的想法更糟——甚至更可怕。

佐　伊：是我最初联系求助的。我碰巧看到了博客，并写信给假性亲密关系研究小组，告诉他们我的感受。当他们回信时，我感到惊讶和宽慰；他们似乎明白我的问题。他们寄了一些夫妻沟通指南和使用说明给我。

一开始很奇怪。都是关于创造空间，这样两个人都可以谈论他们想要什么和他们害怕什么。我们俩都得学习诚实地表达我们的感受，并且愿意倾听我们伴侣的感受，而不会中途打断。就是练习 40—20—40 模式。给你提供了一个不打断对方而进行倾诉和聆听的方式。

有趣的是，当你们两个都这样做的时候，你认为会让你发疯或害怕的事情突然不再让你发疯或害怕了。或者，没有那么严重了。嗯，一开始也许没有，但这仍然帮助我们明白，如果我们说实话，并不意味着一切将付诸东流。不管怎么说，过了一阵子之后，我们就能够互相倾听，而没有生气或跑开。我想，自从我们相识以来，我们第一次真正听到了对方的看法。

## 步骤 2：修复

发现他们一起失败的方式是维克多和佐伊开始修复的机会之窗——修复，就像发现一样，也是互动的。

佐　伊：很难相信我的表演者的角色是一种生存技能，是我孤独的逃生舱口。但是孤独——“幽灵”那个词给我很大的打击——孤独正是等待我的东西。

维克多：我刚刚明白，照顾我的母亲——我的家人——是某个人必须做的事情。似乎没有其他人能做到这一点。但我从来没有想过我这么做是因为我害怕。

维克多和佐伊偶然发现了失败，并致力于要改变——不管发生什么，都要使用互动式修复，并坚持使用。彼此隐藏多年之后，这种投入对他们俩都是全新的。

在最好的情况下，互动式修复在我们还是婴儿时可能每天要发生无数次。

母亲、父亲和其他照顾者试图弄明白我们需要什么——尽他们最大的努力弄明白我们想要告诉他们什么——然后尽他们所能满足这些需求——特别是对安全的需求。[1]

作为成年人，互动性修复发生时，我们积极地与我们的伙伴过渡到一个正面的情绪状态，而不忽视或否认我们艰难的情绪状态。通过一起互动性的修复，佐伊和维克多了解到通过自我—他人评估法处理的负面情绪实际上可以创造更大的亲近感和亲密感。换句话说，使用DREAM序列提供了一种方法，将失败转化为一种建立在可靠、信任和支持之上的新的亲密关系。

作为第一步，维克多和佐伊能够认同他们所了解到的关于假性亲密关系的知识。

佐　伊：我过去是——现在是——一个铁杆表演者，而维克多绝对是观众。但我们都在帮助对方远离亲密关系，避免彼此投入。那么，如果我们这么做了，我们的歌舞套路还做了些什么呢？

维克多：是啊。这不只是我们的关系，我们在任何地方都是这样做的——在童年的时候，和朋友在一起时，在工作中——当然还有和以前的女朋友和男朋友在一起时。

佐　伊：有趣的是，过去我们的套路不同——现在的套路也不同——但触发我们的原因似乎非常相似。我们都可以承认，在任何关系中丝毫拒绝或放弃的暗示都会让我们陷入疯狂的歌舞套路。我们能够真正听到对方的声音，而且——就像当时看起来很奇怪——能够相互联系。我记得对维克多受到的对待感到很难过。

维克多：我对佐伊也有同感。想到当她的家人在外面征服世界，而她被独自一人留下时是如此的痛苦。之后，我们听取了建议，分别列出了处理焦虑的积极方法。当我们比较列表时，发现我们两个人都把互相交谈列在了第一位，我们感到很傻，但我们可以就此大笑。

佐　伊：头脑锁闭的想法让我犯了点错。我总是觉得自己很有心理学头脑，但我不能看到维克多和我对彼此的无意识协议的结果。正如我想变得更好，我仍然想相信，迫使维克多得到一份好工作会修复他——和我们。但是现在我明白头脑锁闭——一起把这件事情解决好——证明了首先我们必须要一起去做。这完全就是打了自己一记耳光。

维克多：对我来说不是这样的——一记耳光——但这绝对是令人不安的。真正击垮我的是，即使我认为我所做的一切都是为了佐伊，但事实是，我让佐伊成为我们家中有权利的人，实际上使我无法给她真正想要和需要的东西。这是很难面对的——而且告诉她，情况会更糟糕。但我们已经和我们的父母做过交易，而且我们认为这些交易已经奏效了。所以我们认可它们——头脑锁闭。这使我们很长一段时间感到安全，保持一定距离。那让我们无法生活在一起，然后，当我们终于生活在一起，又使我们远离对方。如果我们没有发现DREAM序列的话，我想我们还会一直做躲避对方的事。

佐　伊：要让焦虑和恐惧消失是需要时间的，所以我可以说我需要说的话，而不用逃避。幸运的是，我知道维克多对我来说是值得的。但有时候，表现得好像如果我告诉他我的真实感受，我——我们——就能继续生活下去一样，这仍然是一种信任的飞跃。在进行DREAM序列之前，我知道我必须把我的一些感受藏起来，这样才能继续生活下去，才能让维克多待在我身边。但在文学作品中某个地方是这样说的："你现在是成年人了。比起你小时候开始你的套路，现在你可以应对更多的焦虑。"

就GRAFTS序列而言，起初我以为我是一个缺席的"A"(absent)；但是，当我认真考虑后，毫无疑问，我是一个紧张的"T"(tense)。我完全不自知地生活在焦虑的状态中。但我所做的一切都沉浸在焦虑中。

作为一个照顾者，我是被迫的。我不只是让我的父母摆脱了成为糟糕的父母的困境；我还承担了他们的责任。不仅是为了我，也是为了我的弟弟。可笑的是，他还继续像他们一样成为一个明星学者。是的，我想我也要对此负责。我完全无法向他们要求任何东西。但与此同时，我担心我做的一切都不够好。结果，当然，这并不重要；他们几乎没有注意到我做的任何事，我到了一个地方，我确信它一直保持这样。

在表面上，维克多和我的套路看起来完全不同。但事实是，即使有时我与维克多在一起时失去了它，之后我害怕他会离开我。但是这种感受变得更深；我相信，没有我他会更好——如果他真的离开了，那将是他走向成功的关键。

维克多：真是好笑，佐伊——但不是以哈哈笑的方式。在GRAFTS方面，我绝对相信我必须是“聪明”的，虽然我经常用“有趣的”来打破家庭的紧张气氛。有时候那样生活太艰难了——我甚至希望妈妈能把我赶出家门。很奇怪吧？考虑到我一直害怕被遗弃？我坚持我的套路，尽管我想走出这种处境——有一半希望有什么事能让她把我踢出家门。

这看起来好像就是我和你玩的游戏(佐伊)，虽然我认为我也是一个紧张的“T”。在你身边我总是有一种如履薄冰的感觉，非常害怕我会失去你。但我可以看到，整个照顾你的事情就是一个奇怪的方式。我们两个都需要对方来担当我们的角色，这样我们才能感到安全。

在DREAM序列的这个阶段，维克多和佐伊发现关爱他人不是单行道：双方都参与了，而没有一方为另一方制定议程——设计解决方案。这是打破头脑锁闭，化解歌舞套路的核心。没有人会成为英雄或受害者，或者是有正义感的或获救的。每个人都在表演，每个人都在诉说和倾听他们所需要的真相。

### 步骤 3：赋能

佐　伊：虽然我的表演套路让我看起来像一个强大的人——养家糊口，照顾维克多和 Evie（我们的女儿），这实际上使我成为受害者。在我结束两份工作后回到家，发现维克多游手好闲地玩着电脑，小婴儿还没有被喂食或还没换过尿裤——我真的气疯了。感觉并不是我在攻击他；更像是他在挑衅我，我只是在反击。但我非常的沮丧和不安，我并没有感到似乎我比维克多付出了更多。

维克多：当暴风雨平息后，我们又恢复如常。只是每次我都感觉自己变得更小了——就像我是佐伊照顾的一个孩子，就像 Evie 一样。这感觉糟透了，但是当佐伊的怒火消去的时候，我们两个都似乎不想去谈这件事。

　　与此同时，我仍然告诉自己我不需要任何人，但这只是增加了冲突——我的冲突——因为我一生都希望有人照顾我。同时，佐伊恨我没有开始任何行动。你不能责怪她，但我也恨她——不是因为她生我的气，而是像母亲般地照顾我。我真的觉得她就是这样的，但这让她很崩溃。

佐　伊：是真的。直到现在，我才知道，拥有一个真正成年的、关心人的和对家庭生活有贡献的伴侣会让我更加害怕。这就是为什么，我非但没有真正支持你寻找出路，反而不断地在做你的绊脚石。

维克多：我是在为没有找到工作而向你挑衅，更有甚者，在家里我没做我本可以做的事情——尤其是照顾好我们的女儿。

尽管充满痛苦和泪水，佐伊和维克多越来越有能力讲述他们的关系是怎样的。两人都能看到各自在歌舞套路中扮演的角色。变得更加诚实使佐伊和维克多对彼此更有安全感,尽管这种分享甚至包括揭露自己的和彼此的破坏性行为。有时,这又变成了有充分理由的一连串指责,“毕竟我为你做了一切”。

但是,在使用自我—他人评估法把重点放在自己身上的原则指导下,他们坚持这样做。当他们开始减少对攻击的恐惧时,他们降低了防御,也不那么想诉诸旧的歌舞套路了。让他们惊讶的是,有那么一刻,他们意识到他们渴望而又想念对方。对佐伊和维克多来说,这就是赋能——他们可以看到并一起做到,而不是以寄生的形式,一方渐渐消耗掉另一方。

## 步骤 4:替代选择

佐　伊:把你带到慈悲的共情起点的DREAM序列,让我意识到与维克多一起生活的另一种方式不仅仅是包括不同的行为,而是一种不同的感觉方式,实际上,是一种分享感受的方式。我一直不知道我和维克多的关系正在把我折磨得筋疲力尽。不只是维克多,我还把这些荒谬的期望带给了身边的每个人和我所到之处,包括惩罚的部分。这一切又回到了我的某种扭曲的想法上,认为我把自己放在别人的立场上,总是为别人而做,因此我应该得到回报。

维克多:我坚持自己的角色。我知道佐伊很痛苦,但我不能使自己去考虑她的生活状态,以及这让她付出了什么代价。无论什么时候,不管在她的脸上还是在我自己的脑海里我瞥见,我都会紧张起来,尽可能快地转过身去。这几乎会让我惊慌失措。

佐　伊:这就是为什么对我来说,理解假性亲密关系如何对抗焦虑是非常重要的。我已经能够看到——这花了一段时间,但是,是啊。我明白了——我们的套路保护我们不受恐惧的困扰,这种恐惧来自于我们要得到我们想要的东西。但它真的不起作用。它不能保护我们免受现实生活中的压力——工作、失业、金钱,甚至我们的无性的性生活。但它确实使我们彼此疏远。

维克多:我们怎么可能有性生活呢?我就是一个想远离我那专横母亲的孩子。现在再来看,我们看起来确实是在努力不要在一起——在同一个屋檐下生活。现在我们知道原因了。当我们在家里学到这些之后,我们怎么可能还会认为我们可以相信自己能坠入爱河呢?我们能相信别人为我们出面吗?是的,我们被彼此吸引,好吧,但是生活告诉我们,爱是一种错觉,我们俩谁也不会去冒险。

如果你仔细想想,我们最终一起来做这个事情是很奇怪的。如果没有DREAM序列,我想我们的绝望最终会驱使我们离开这个家。相反——这似乎仍然是一个奇迹——我们实际上是在一起经历——第一次成为伙伴。但我无法搞明白的是,责备似乎与这件事没有任何关系。整个想法毫无意义。

一天,当我们在做自我—他人评估时,我突然对佐伊产生了这种新的同情。在某种程度上,就好像直到那一刻,我之前对她都是一无所知的一样。然后——哎呀——我终于可以开始了解我都让她经历了些什么。

势头完全改变的那一刻来临了。我找到工作了——而且还不仅仅是为了提供收入的一份还行的工作。这是一家大公司,而且他们认为我是一个不可多得的人才。与此同时,我一直在利用我开发的商业模式创建自己的公司,而我真的不想放弃。尽管资金源源不断地涌入,我还是不得不考虑这样一种可能性,即拥有自己企业的梦想正在破坏我寻找工作和照顾家人的梦想。不过,这个维克多正是我一直想让佐伊相信她所嫁的维克多。与其说我是个有钱人，倒不如说我能够而且愿意尽我所能来照顾我的家庭。

这真是可怕，但还有什么替代选择？我害怕与佐伊相爱的风险，但我保持了一定的距离，尽管我知道有什么地方不对劲已经很长时间了。甚至在我们开始进行DREAM序列之后，过了一段时间，我才接受这个想法，我和佐伊在我们的婚姻中应该是平等的。到Evie出生时，这种距离不仅在我的思想上，而且在我的身体里开始感觉到痛苦。在我们进入DREAM序列之后，我终于让自己感觉到对佐伊的爱——并让她爱我。

佐　伊：这是有史以来第一次，DREAM序列让我们开始谈论信任。

维克多：我们对信任有一些混乱的看法。比如——我信任佐伊，这意味着我觉得自己没有什么好的东西可以给她，我相信她会接受这一点，并且不再指望我再做什么。

佐　伊：是的，我相信维克多会把自己封闭起来，不会或不愿意给我们的婚姻任何付出。这是一个僵局。或者——我猜用假性亲密关系的话来说就是头脑闭锁。

维克多：是的，而且是痛苦和孤独的。并且这耗尽了对一切的兴奋感——令人窒息，就像所说的头脑闭锁。无法付出或得到——做出自己的替代选择；付出和得到感觉都很糟糕。

佐　伊：有点古怪的是，对我们来说，更传统意义上的信任从来不是个问题。在我们的生活跌到谷底时，似乎典型的信任之类的东西在某种程度上会更好，因为它能给我们提供一条出路。

维克多：这已经改变了。现在我们学会相信我们不会被吓到，或者被吓得不敢进一步发展。相反，我们会待在那里，看看经过一番坎坷之后，我们的关系结构会是什么样子。

在他们探索的替代选择中，佐伊和维克多研究了新的方法来修通旧的任务和套路，这样他们就可以转向共同分享生活的新方法，而且不仅仅是在他们的婚姻和家庭中。他们还学习了家庭之外的其他的生活方式。他们以前在婚姻和家庭中彼此隔离，现在他们开始接触其他人，包括他们认识和喜欢但从未接近过的夫妇。他们惊奇地发现，当他们生活在彼此隔离的环境中，他们享受的事物是如此之少。

## 步骤 5：互惠关系

佐　伊：当我们开始 DREAM 序列时，我想我最不想看到最后的结果就是我开始时的样子。接下来的惊喜是，我从未真正失去；我只是躲起来。不过结果是我第一次对了。和维克多一起生活是我真正想要的，也是现在仍然可以拥有的。我不得不放下之前我学到的关于亲近某人的知识，让自己——不，让我们——拥有彼此。

佐伊和维克多知道了给予和接受并不对他们的安全构成威胁，因此他们可以开始最后一个步骤的实践：互惠关系。用假性亲密关系的语言来说，互惠关系就是实践一方接受另一方所提供的东西，并打开慈悲的共情之门。

佐　伊：以我的理解，慈悲的共情不仅是对彼此的处境产生共情，也是愿意一起走出过去带给我们并留下的黑暗面。我们俩过去都已经接受了那个黑暗面——他们称之为“头脑闭锁”——但慈悲的共情背后的意愿解开了头脑闭锁的状态。在那之后，歌舞套路看起来就很傻了。没有了歌舞套路，我们就能够以一种我们从未有过的方式彼此相爱。

维克多：不。我真的陷入了歌舞套路，以避免去考虑我妻子的真实感受或她正在经历什么。停止表演套路不是一种替代选择——那简直太可怕了。但我们两个都不知道那就是我们生活的组成部分——一个把我们分开的表演套路。同时,我讨厌自己这样做——不去碰她,不听她说话——甚至不问她。但我一直知道这一切一团糟。内心深处有个声音一直在告诉我,问问她怎么样了。但我做不到。我就是做不到。

佐　伊:你知道哪里滑稽好笑吗?当我们开始 DREAM 序列的时候,我意识到是我们一起造就了假性亲密关系,我有一种奇怪的解脱感,起初我并不理解。然后,嗯,我开始兴奋起来。在内心深处,我觉得我仍然爱着你。如果我们俩都在那里继续维持假性亲密关系,而不是简单地走开,那么,这就意味着我们真的很在乎对方。所以,如果我们可以创造假性亲密关系,那么我们就可以把它拆解,再创建点别的。记得有一天,我看着 Evie,心想,**如果维克多和我能共同创造那个漂亮的小女孩——那,为什么不试试呢?**

维克多:我仍然不能相信究竟是什么把一切都维系在一起。我感到非常荣幸,你留下来和我一起做拆解假性亲密关系的工作。

佐　伊:这难道不是事实吗?我总是为多么努力地为家人工作而鼓励自己。一直以来,我根本就没有帮到过我的家人。适得其反,却在我们之间制造了一堵墙。

在这堵墙的另一边,维克多也在做同样的事情,只不过他假装他什么都做不好,假装无能,所以我可以把维系我们生活的一切都归功于我。有一次我脑海中闪现出一个画面,两个蒙着眼睛的人在拔河比赛。那就是我们的情况,我们互相争斗,看不见对方发生了什么。从某种程度上来说,这个方法是有效的,因为我从来没有想过,这个无能的人可以提供让我感觉好些的东西。

当我们经历了 DREAM 序列,它让我们想象一个共同的生活,在其中,我们就是我们想要的样子,而不用担心会发生什么。起初很难考虑我们让自己身处的境地，但我们坚持下去了。这很刺激，但几乎是令人震惊的。不——这真的很令人震惊，告诉对方一些我们确信会使对方逃走的事情。有时候这很让人不安，我确信第二天早上我们会假装什么都没有发生过，然后回到之前的歌舞套路中去。但这从未发生过。当我们离开我们的角色再来看时，我们开始明白，我们一直把自己和彼此限制在角色里，这些角色就像监狱的牢房。意识到这一点很奇怪——有点迷失方向——**那我是谁？这一切的结果会是什么？**

但更奇怪的是，在这样做的过程中，我们又找到了那个我们初次见面时为之疯狂的人。在某种程度上，这几乎是平淡的：没有焰火，没有关于我们想和彼此做什么的辉煌壮丽的梦想。就只是——彼此。但是，也像咖啡店里那些我们不想结束的深夜谈话一样。我们所做的就是坐在那谈论，嗯，什么都可以，无所谓。那是在我们开始认真约会之前。

好吧，在某种程度上，进行 DREAM 序列已经让我们重新感触到了正常的兴奋，现在更好了，因为 DREAM 序列教会了我们如何去**倾听彼此**。我们现在知道，不论什么，我们都不会让任何东西破坏我们所发现的东西。

通过 DREAM 序列，佐伊和维克多现在处于一种关系中——一种真正的亲密关系——不仅可以容忍，而且还积极地寻求慈悲的共情、亲密感和情感风险。这就是奇迹。通过使用 DREAM 序列，他们找到了他们最珍贵的财富：彼此。

---

**迈向积极的改变**

---

1. 在我们 DREAM 序列所关注的人当中——科莉特、彼得、莎莉、克里斯、格伦、梅、佐伊或维克多——你和谁最有关联？为什么？
2. 描述你看到的那个人的转变。你如何看待她或他的转变？

3. 这种转变如何——或将如何——影响你生活中的任何关系？
4. 阅读这本书和探索 DREAM 序列是如何影响你对自己的看法的？

---

### 慈悲的共情

慈悲的共情不是一种对自己或他人的感觉，而是一种共享的过程，让我们能够看到和接受我们自己和另一个人的需要、恐惧和人性。换句话说，慈悲的共情是一种解决人际关系中问题的方法，这种方法植根于我们人性的最深处。

DREAM 序列的最终目标是互惠关系，这是通往慈悲的共情的大门。以下是一个基于 DREAM 序列的练习，旨在让你更清楚地了解慈悲的共情的动力，以及它如何适用你的日常生活和各种关系。你需要有人和你一起练习，问彼此以下问题。请注意，DREAM 序列是一个复杂的实践，它将包括向后以及向前的步骤，这是实践过程的正常部分，不应该仓促行事。所以，给自己足够多的时间和尽可能多地坐下来，去理解你是如何使用假性亲密关系的，以及如何去拆解它。

**发现**

- 当我认识新朋友时，我是在寻找一个新的人去修复或帮助吗？这个看起来和听起来像是什么？在另一个人面前这么说是什么感觉？
- 我希望被修复或拯救吗？我在寻找或倾听什么线索？
- 我是否将爱某人等同于照顾他或她？
- 我是否一直在为我的伴侣或其他人做事情，即使我没有得到多少回报？

**修复**

向彼此谈论一段和某个人的关系，这个人一直没有或现在没有像你所希望的那样：

- 根据这本书中的观点，在你和这个人的互动方式中你能确认一种模式吗？

- 选择另一个人，讨论你在与那个人的互动中看到的相同点和不同点。
- 明确与他人互动中你意识到头脑闭锁的领域。
- 识别出可能是你和你的伴侣歌舞套路一部分的行为。
- 自从你开始看 DREAM 序列，你和别人亲近时你看到变化了吗？你向你的伴侣表示亲近时又是怎样的情形？要具体。记住，表面微乎其微的变化可能意味着内在的巨大变化。

**赋能**

想想 GRAFTS 行为：好的、正确的、缺席的、有趣的、紧张的和聪明的。

- 当你第一次读到 GRAFTS 的时候，你在自己身上看到的那一个或多个 GRAFTS 的行为你现在还在使用吗？你在你的伴侣身上使用哪些 GRAFTS 行为？
- 当你做这个练习的时候，你能看到你有意向要改变的东西吗？记住，创造赋能是一个共同的练习。你能想出办法让彼此现在就赋能吗？
- 想想慈悲的概念，想想（为何）关心他人会让你们两个都容易彼此伤害。为了给彼此创造一个安全的空间，你可以开始做一个自我—他人评估，描述你觉得你对你的关系良好发展的贡献以及造成关系出问题的你的原因。
- 你们能确定谁是表演者谁是观众吗？告诉对方你认为他或她的角色可能感觉像什么，但不要进行判断或批评。在你们有足够的时间了解彼此的经历和观点之前，不要进行下一个练习。
- 想出一个过去出现在你们两个之间的问题或冲突。当你们进行自我—他人评估时，想想你们各自对这个问题或冲突的产生都做了什么。现在想象一个你们各占50%的空间。轮流评估和讨论自己在这个问题上的作用，不管是好的还是坏的。互相倾听。这个练习的目的是为了共同创造一个热情友好的空间，在其间你的感受可以得到真实的表达而不会害怕反驳、猛烈抨击或拒绝。

- 自我—他人评估是一个机会，通过倾听而不加以评判，并保持关注自己，以确定你和你的伴侣之间究竟发生了什么。通过不去打断或评论，以及有意识地避免发出信号表示拒绝你的伴侣正在分享的内容，可以培养安全感。这是以 40—20—40 模式为基础的，这是一种沟通方法，在这种沟通中，伴侣们同意在他们的关系中进行不超过 60％和不少于 40％的投入，同时中间保留 20％用于协商给予和接受。这会是什么样子？

**替代选择**

- 假性亲密关系和发展自慈悲的共情的伙伴关系的区别在于，慈悲的共情使关系充满活力而不是让关系枯竭。谈论那些让你感到精疲力竭和沮丧的关系。讨论一下你认为使关系变得紧张的正在发生和没有发生的事情。什么会改变那样的情况？为了使你们之间的交流更令人满意，你们双方都能做些什么呢？谈谈你在自我—他人评估（使用 40—20—40 模式）中所做的，对开辟一个互敬互让的空间会起到怎样的作用。
- 考虑一段关系或一段关系中你感到精疲力竭和怨恨的插曲。讨论一次你和你的伴侣之间的交流互动，让你们两个都有悬而未决的感觉。自我—他人评估会如何改变你对待这种情况的方式？
- 如果你把这种交流方式变成你日常生活中的一部分，会发生什么？

**互惠关系**

- 你已经迈出了重要的一步，从孤立的假性亲密关系进入真正的亲密关系。这个体验是全新的，讨论一下在这一时刻这种体验看起来和感觉起来是怎样的。
- 理性的关系是等量的给予和索取的结果。通过自我—他人评估来实现和维持理性的关系。现在你看到了，结果就是互惠关系——一个活生生的、呼吸的和成长中的空间，依靠任何关系中所有各方发展和维持。这是一个与假性亲密关系形成鲜明对比的空间，只要伴侣们愿意留在这个空间中，共情、亲密、情绪冒险和情感投资都可以发展和繁荣。与对方分享任何出现在你脑海中可以改变的事件或生活的一部分，因为你们能够一起走出你们的歌舞套路。

- 通过你们对这项练习的体验，你们共同生活中的一切可能不会立即发生转变。但是，这项练习确实把真正的工具交到你的手中——DREAM序列和自我—他人评估——当旧的思维方式和交际方法再次出现时，你可以拿起它们。谈一谈那些让你知道你被拉回到你的老套路与表演者和观众角色的信号和线索。在这种情况发生时，你们可以彼此用什么协议来迅速做出反应？
- 这本书的目的就是寻找方法，一起从隐藏在功能失调的关系——假性亲密关系中走出来——进入亲密——真正的关系。你在DREAM序列中所做的和自我—他人评估法的使用已经教会了你开创一个亲密和互惠关系的空间并保持它的开放。现在全是你的了。感觉如何？

# 第五部分

## 加演节目

## 为爱敞开心扉

# 第 13 章　终于敞开心扉

如果这还没有发生，不久的某一天，你可能会走在街上，或者和朋友一起吃饭，这时某个人在你没有觉察的情况下悄悄出现在了你身边，让你敞开了心扉。这就是当你抛开假性亲密关系后会发生的事，你将意识到你身在其中而不得而知的孤独有多深。

敞开是什么意思？在卡梅隆（James Cameron）的电影《深渊》中，海底探险家们发明了一种新技术——呼吸液态氧——这使得他们能够比以往任何人都更深入地潜到水底深处去。问题是，人体的本能被设定成阻止液体进入肺部。如果液体确实进入了肺部，体内的每一个系统都会动员起来防止死亡。为了让探险家能够容忍这种允许他们深入探索的新技术，他们必须敞开——学会与他们的本能和行为建立一种新的关系。

DREAM 序列为那些在假性亲密关系中头脑闭锁的人做了类似的事情：它让我们走出对自己的旧的思维方式，这样我们就能更深入。换句话说，它帮助我们回到一种更古老的思考自己的方式，这种方式允许我们依赖他人。

但这也有另一方面，你现在可能已经意识到，做 DREAM 序列和实践自我—他人评估会把你引向一个你无法控制的方向，到达一个你无法预测的目的地。接受这种类型的脆弱性为长期以来被忘却或从未想象过的成就感和满足感开辟了可能的道路。

## 假性亲密关系像——也不像——毒品一样

对一个人、物质或行为的反复运用以减轻深深的焦虑是上瘾的核心。假性亲密关系就类似这样，就像成瘾一样，可以被控制，但难以被治愈。但是，假性亲密关系也是在幼年学会的一组行为，与对人际照顾的解释和观点有关。那么，行为可能会被遗忘，或者，用认知行为疗法的说法，“消退”，并且至少在某些情况下，被更有效的关系习惯所取代。然而，有时条件反射（神经联系）可能在我们的思想和行为中根深蒂固，以至于只有一种变通方法，就使得如果环境要求我们的话，我们很容易重新陷入旧习惯。进一步说，真正的亲密关系可能会令人深感不安，以至于它们会大声疾呼，要求旧的防御机制重新开始运作。毫不奇怪，在我们最亲密的关系中，恢复我们歌舞套路的诱惑是最强烈的。

如果我们的歌舞套路是真正的强迫行为，那么随着每一次的打击，感受到的解脱就从多变少。到了某个时候，我们意识到套路不像以前那样有效了，于是绝望开始产生。就像瘾君子触底的情况一样，现在是承认我们无法控制身边的任何人和任何事的成熟的时机了。

真正的亲密关系充满了可能导致焦虑的经历。情绪健康和幸福感让我们能够面对焦虑，而不是逃避它。作为成年人，我们可以忍受比我们小时候建立我们的歌舞套路时更多的焦虑。有时这是个顿悟，就像兔八哥动画片里达菲鸭疯狂地建造一座要塞来阻挡兔八哥一样。在此期间，有人问达菲在做什么，达菲突然意识到兔八哥就站在他旁边，正随意地嚼着胡萝卜。

这种补偿焦虑的过程最终会提炼为我们在关系中所扮演的基于假性亲密关系的角色。尽管这些角色已经根深蒂固又熟悉，但它们是有害的，因为它们限制了我们对经验感知的广泛性。我们自己所否认的一些经历，是对我们所扮演角色自我强加的限制提出挑战的机会。

坚持DREAM序列使我们强制接受新系统，旧系统下线，尤其是在头脑闭锁被破解之后。相反，DREAM序列可以帮助我们放弃尝试修复他人的套路，取而代之的是与他们合作。

我们为爱而生
你的蒙昧大过你，
它像白色死神带走你
没有嘈杂
毫无痛苦
它将让你生活
在空空的房间
不知你本来的样子
-L. M.

在许多方面，这首诗(餐厅墙壁上的涂鸦)揭示了假性亲密关系的核心：与自己隔绝，与他人隔绝，我们只能以预先确定的方式互动，产生模拟关系，这种关系只能经得起肤浅的审视。当假性亲密关系无法给予我们所寻求的安全时，我们就会不知不觉地陷入危机模式，被冲突和恐惧笼罩。然而，由于深信我们自己的正直，我们不知不觉地重新投入到使我们终生所困的隔离状态。我们行尸走肉般生活在我们的空房间里。

与另一个人真正的从情感、身体、精神和智力上相遇，让人从孤独的痛苦中得到暂时的缓解。从这个角度看，爱本身就是一个相互作用的事件。通过爱，我们能够克服孤独感，通过与他人协调的方式，让我们能够体验同时具有多面和一面性——“包容多元化”[1]。

一旦我们开始有勇气并愿意去关心他人，敞开心扉接受来自他们的同样的馈赠，我们就开始踢开我们强迫使用假性亲密关系的无效机制来保护我们和彼此的方式了。

慈悲的共情产生联结和相互联结，导致我们既希望又恐惧的东西：亲密。没有共情，传递给爱情的仅仅是对感情和人际关系的文化混乱的拼凑，电影和电视产生的错觉；我们在浪漫史上的成功或失望；反思我们的失败；所有这些都是因为害怕独处而蒙上阴影。

弗洛姆(Erich Fromm)的著作《爱的艺术》的一个主要观点是，坠入爱河是容易的——任何人都能做到。但爱情关系中的刮伤、擦伤也是可怕的。即便如此，虽然坠入爱河会令人伤心，但日复一日在持久的爱中漫步更难。因为现代人彼此疏远，也与大自然疏远，我们在浪漫爱情和婚姻中寻求避免孤独[2]。Fromm 认为，真正的爱弥足珍贵，只有通过发展一个人的全部人格，具有"真正谦恭地、勇敢地、真诚地并符合行为规范地"去爱别人的能力，从而获得体验真爱的能力。[3]

人际关系中人们的社会—情感互动可以扩大每个人获得自我体验的机会，产生强大的经验和发展方面的结果。从这个意义上说，改变成了个人和他或她的环境之间的交流——记住，在这种情况下，"环境"是指"你和我"，或者我们"彼此"。假性亲密关系和我们的保护性的歌舞套路首先是在幼儿期的环境中发展的，即我们的主要照顾者。DREAM 序列的技巧重新配置了早期的、忧心忡忡的环境，因此我们彼此之间成为我们渴望的爱和相互依存的环境。我们自己是隔离的解决之道。

## 假性亲密关系的最大讽刺

也许，到现在为止，假性亲密关系的最大讽刺还是被保留了下来。巴贝尔(Charles Barber)在评价我们的文化与精神病学和精神病学药物的关系时发现，大脑结构和功能的变化与药物引起的变化相类似。[4]

经验改变了我们的身体。学习本身改变了神经元之间的联系，从根本上说与神经网络活动有关。同样地，深切的共情经验——亲密——是一种强有力的治疗方法，甚至可以在生物层面上产生变化。研究人员研究了共情和慈悲对大脑的影响后发现，没有慈悲的共情会增加消极情感，但结合了慈悲的共情训练会增加积极情感。慈悲心似乎可以作为一种缓冲，防止未加抑制的共情的潜在破坏性影响，防止耗竭和共情失败。实践慈悲的共情使我们能够勇敢地弥合我们告诉自己的故事与我们周围的人讲述的真实故事之间的差距。[5] 在真实的亲密关系中，我们真实的故事得到了验证和重视，发展一个新的故事在你和我的交汇处成为可能。

# 作者的邀请

这本书提供了一些指导来帮助你回答这样一个问题:“我是怎样陷入假性亲密关系中的?”在“发现”这一步之后,你会得到简单而有力的方法来摆脱假性亲密关系,并找到在爱的关系中生活的途径。

虽然思想和心理的终身习惯不会因为被正确的名字称呼而消失,但说出它们是对你焦虑和压抑自己的习惯的有力信号,你已经意识到了它们的游戏,不想再玩下去了。这是一个巨大的进步,让我们接受构成真实生活的自发性和不可预测性。

当然,你会经历一段让你感到困顿的时期。当你学习新的生活方式时,这完全是意料之中的。此外,看似干涩的时期往往需要为下一轮内在和外在的成长作好准备,尽管这通常只能在回想时才能看到。然而,当你感觉被卡住时,我们鼓励你再回到这本书和你的日志,重新审视你的过去,并帮助你思考你的未来。

我们还鼓励你,尤其是那些感到特别隔离的人,去与我们基于博客的读者群和其他寻求解决僵化或窒息关系的人建立联系。阅读我们的帖子,与我们和其他投稿人互动。务必考虑写下和发表你自己的假性亲密关系的经历、遵循DREAM序列以及恢复的过程。无论你身处何方,你的经历都会让别人受益,分享给别人你也会从中受益。

# 注释

## 导论

1. 表观遗传变化是由于环境因素影响父母的基因组的变化,影响配子(精子和卵子)DNA 的读取和转化为蛋白质的方式。
2. Ainsworth, "The Development of Infant-Mother Attachment," 1–94; Bowlby, *Attachment and Loss*.
3. Bowlby, "The Nature of the Child's Tie to His Mother," 350–371.
4. Schwartz et al., "Altruistic Social Interest Behaviors Are Associated With Better Mental Health," 778–785.

   与接受帮助相比,给予帮助更多地与积极的心理健康和心理弹性联系在一起,这让人很容易看出,这种安排最终是如何蒙骗被"帮助"的人的。

## 第 1 章

1. Searles, "The Patient as Therapist to His Analyst," 95–151.

   精神分析师 Harold Searles 认为,儿童一生中的首要任务是为他/她的主要照顾者——通常是母亲——提供一种治疗方法,儿童的生存在主观经验上取决于这个任务完成的程度。
2. Clark et al., "Physiological Responses to Near-Miss Outcomes and Personal Control During Simulated Gambling," 123–137; Clark et al., "Gambling NearMisses Enhance Motivation to Gamble and Recruit Win-Related Brain Circuitry," 481–490.
3. Inagaki et al., "Yearning for connection? Loneliness is associated with increased ventral striatum activity to close others," 1–24.
4. Žižek, *The Parallax View*.

   文化理论家,Slavoj Žižek 提出了欲望和驱力之间区别的一个例子。他描述了一个玩游戏的小孩。小女孩正试图抓住一个鲜红色的球。她想要球——抓住球是她的目标。但是她的手很小,球很大。她一次又一次地伸手去够球,球一次又一次地溜走了。但她想要那种掌控和胜任的感觉。此外,她想拿在她的手里的是一个大红球。但在某一时刻,尽管她一再受挫,她的欲望却突然改变了。仅仅追逐球,她就玩得很开心。她的欲望从想成功抓住那个球变成了想把追球的乐趣延长得越久越好。事实上,这种欲望的改变要求她忘记自己最初想要抓住球的欲望。这种忘记或忽略最初的欲望,即失去冷静自制(self possession),是驱动沉迷和重复的过程。

5. 沙利文 Sullivan,《精神病学的人际理论》。
   Harry Stack Sullivan 把解离状态称为“非我”状态——我们不知道的我们的版本,而且也不能知道,因为很难想象我们会是那个人。然而,我们是(我们的“毫无保留的”版本)。

## 第2章

1. 在拳击运动中,这种技巧被称为倚绳战术,是一种卑鄙的伎俩,其中一方故意将自己置于失败的境地,以此作为最终成为赢家的手段。

## 第3章

1. Chansky, *Freeing Yourself from Anxiety: 4 Simple Steps to Overcome Worry and Create the Life You Want*.
2. Beauregard et al., “The Neural Basis of Unconditional Love,” 93 - 98.
3. Graeber, *Debt: The First 5,000 Years*. Graeber 认为债务是对承诺的曲解。

## 第4章

1. Gallese et al., “Intentional Attunement: Mirror Neurons and the Neural Underpinnings of Interpersonal Relations,” 131 - 176.
   当一个人通过执行动作、表达情感和体验知觉来激活他或她的神经回路时,神经回路就会被激活——自动地通过镜像神经元系统——也是在这些动作、情绪和知觉的观察者中被激活。这种共享激活暗示了一个“具体的模拟”,由观察者中的自主的、无意识的和非输入的模拟组成。研究人员提出,共享的神经激活模式和伴随的具体模拟为理解他人的思想奠定了基本的生物学基础。
2. Winnicott, *The Maturational Process and the Facilitating Environment*.
3. 同上,186.
4. Freud, *The Standard Edition of the Complete Psychology Works of Sigmund Freud, Vol. 14*, 243 - 258.
5. Bose, “Trauma, Depression, and Mourning,” 399 - 407.
6. Schore and Schore. “Modern Attachment Theory: The Central Role of Affect Regulation in Development and Treatment,” 9 - 20.
7. Eley et al., “The Intergenerational Transmission of Anxiety: A Children-of Twins Study,” 630 - 637.
8. *Agazarian, Systems-Centered Theory and Practice: The Contribution of Yvonne Agazarian*; *Bion, Experiences in Groups*; Redl, “Psychoanalysis and Group Therapy: A Developmental Point of View.”

美国的 Fritz Redl 提出了“角色吸力”(role suction)这个术语,来描述一个社会团体向其成员分配角色的权利。W. R. Bion 的群体动力学进一步探索了群体(无意识地)将特定的功能分配给特定的个体,以便满足其隐秘的情感需求。Yvonne Agazarian 最近强调了这一过程。

## 第 5 章

1. Goleman and Boyatzis, “Social Intelligence and the Biology of Leadership,” 74 - 81.

## 第 7 章

1. Klimecki et al. , “Differential pattern of functional brain plasticity after compassion and empathy training,” 873 - 879; Sette et al. , “The Transmission of Attachment Across Generations: The State of Art and New Theoretical Perspectives,” 315 - 326.
2. Goulston, *Just Listen: Discover the Secret to Getting Through to Absolutely Anyone*.

## 第 8 章

1. Lerner, *The Belief in a Just World: A Fundamental Delusion*; Lerner and Simmons, “Observer's Reaction to the ‘Innocent Victim’: Compassion or Rejection?,” 203 - 210.
   公正世界假设是假定一个人的行为天生就倾向于产生道德上的公平和恰当的后果,对人而言——善有善报,恶有恶报。换言之,公正世界假设指的是将后果归因于——或期望后果——作为恢复道德平衡的普遍力量的倾向。这个想法通常意味着命运的存在,神的旨意,宇宙的正义,稳定,或秩序,并有潜在的认知扭曲,特别是当用来使人们的不幸合理化,理由是他们“活该”(Lerner)。
2. Alcoholics Anonymous, *Twelve Steps and Twelve Traditions*.

## 第 9 章

1. Southwick and Charney, *Resilience: The Science of Mastering Life's Greatest Challenges*.
2. Borg, “Community Psychoanalysis: Developing a Model of Psychoanalytically Informed Community Crisis Intervention,” 1 - 66.
   虽然我们使用一种类型的团体格式,我们称之为“团体过程赋能”,我们从第 9 章中得知,开发一个团体格式——结合我们通常的格式——已被证明是一种有效的手段,它可以帮助伴侣们使用他们假性亲密关系歌舞套路中的解离元素,和伴侣一起体验,一起修通防御动力,而防御动力在过去和无意识中使他们看起来至关重要。

## 第 10 章

1. de Lavilléon et al. , “Explicit Memory Creation During Sleep Demonstrates a Causal Role of Place Cells in Navigation.”

2. Hofmann and Reinecke, *Cognitive Behavioral Therapy with Adults: A Guide to Empirically-Informed Assessment and Intervention*.
   在认知行为治疗中,有一种强有力的被称为暴露和反应预防的循证治疗,可用于很多情况包括强迫症、创伤后应激障碍、恐惧症和其他病症,这涉及第10章所描述的过程的结构化方法。暴露在痛苦的触发器下,有助于使消极行为(例如表演)由"脱敏"(未能"修复"观众,或观众的被动性)而致消退,即忘掉之前条件反射的触发器。从某种程度上说,旧的条件反射不会遗忘,实践新的行为和步骤以避免继续旧的行为也是有效的。

### 第12章

1. Tronick, "Emotions and Emotional Communication in Infants," 112 - 119.
   父母和婴儿之间的敏感协调所提供的安全性,促进了孩子对情感的体验和表达,因此他或她觉得不需要依赖回避策略。安全的一部分是在消极情绪压倒一切的状态下,不要让孩子独处。如果发生这种情况,他或她在以后的生活中学习如何控制困难的情绪状态方面将会遇到更多的麻烦,从而导致人际关系中的困难。在适当的照顾下,让孩子开始学习互动修复的技巧,而不是孩子独自一人。

### 第13章

1. Whitman, "Song of Myself".
   Walt Whitman强调了作为叙述者的全能的"我"。在第7节中,叙述者超越了自我的常规界限:"我和垂死者一起经过了死,和呱呱坠地的婴儿一起经过了生,我并没有被限制在我的帽子和靴子之间。"其他段落则指出,叙述者不应被视为一个个体,尤其是在第51节中,"我辽阔广大,我包罗万象",相反,他描述了一种几乎普遍的人类经历。
2. Fromm, *The Art of Loving*, 79 - 81.
3. 同上,vii.
4. Barber, "Comfortably Numb: How Psychiatry Is Medicating a Nation," 191.
5. Klimecki et al., "Functional Neural Plasticity and Associated Changes in Positive Affect After Compassion Training," 1552 - 1561. 共情对成功的社会联结是必不可少的,但过度分担他人的负面情绪可能是适应不良的,并导致耗竭。研究人员得出的结论是,慈悲训练可能反映了一种新的应对策略,来帮助一个人克服共情的痛苦,增强心理弹性。

### 作者的邀请

1. 请在今日心理学网站上寻找我们的博客 www.psychologytoday.com/blog/irrelationship。欢迎投稿,你的投稿将被阅读。

# 参考文献

Agazarian, Yvonne M. *Systems-Centered Theory and Practice: The Contribution of Yvonne Agazarian*. London: Karnac Books, 2011.

Ainsworth, Mary. "The Development of Infant-Mother Attachment." In *Review of Child Development Research: Child Development and Social Policy Volume 3*, edited by Bettye Cardwell and Henry N. Ricciuti, 1 - 94. Chicago: University of Chicago Press, 1973.

Alcoholics Anonymous. *Twelve Steps and Twelve Traditions*. New York: Alcoholics Anonymous World Services, Inc., 1952.

Barber, Charles. *Comfortably Numb: How Psychiatry Is Medicating a Nation*. New York: Vintage Books, 2009.

Belisle, Jordan and Mark R. Dixon. "Near Misses in Slot Machine Gambling Developed Through Generalization of Total Wins." *Journal of Gambling Studies* (May 2015): 1 - 18. doi: 10.1007/s10899-015-9554-x.

Beauregard, Mario, Jérôme Courtemanche, Vincent Paquette and Évelyne Landry St-Pierre. "The Neural Basis of Unconditional Love." *Psychiatry Research: Neuroimaging* 172, no. 2(2009): 93 - 98.

Bion, W. R. *Experiences in Groups*. London: Tavistock, 1961.

Borg, Jr., Mark B. "Community Psychoanalysis: Developing a Model of Psychoanalytically-Informed Community Crisis Intervention." In *Community Psychology: New Directions*, edited by Niklas Lange and Marie Wagner, 1 - 66. Happague, NY: Nova Science Publishers, 2010.

Bose, Joerg. "Trauma, Depression, and Mourning." *Contemporary Psychoanalysis* 31, no. 3(1995): 399 - 407.

Bowlby, John. "The Nature of the Child's Tie to His Mother." *International Journal of Psychoanalysis* 39(1958): 350 - 371.

——. *Attachment and Loss Volume 1: Attachment*. New York: Basic Books, 1969.

Briere, John. "Treating adult survivors of severe childhood abuse and neglect: Further development of an integrative model." In *The APSAC Handbook on Child Maltreatment, Second Edition*, edited by J. E. B. Myers, L. Berliner, J. Briere, C. T. Hendrix, C. Jenny, and T. A. Reid, 175 - 203. Thousand Oaks: Sage Publications, 2002.

Chansky, Tamar E. *Freeing Yourself from Anxiety: 4 Simple Steps to Overcome Worry and Create the Life You Want*. Boston: Da Capo Press, 2012.

Clark, Luke, Ben Crooks, Robert Clarke, Michael R. F. Aitken and Barnaby D. Dunn. "Physiological Responses to Near-Miss Outcomes and Personal Control During Simulated Gambling." *Journal of Gambling Studies* 28, no. 1 (March 2012): 123 - 137. doi: 10.1007/s10899-011-9247-z.

Clark, Luke, Andrew J. Lawrence, Frances Astley-Jones and Nicola Gray. "Gambling Near-Misses Enhance Motivation to Gamble and Recruit Win-Related Brain Circuitry." *Neuron* 61, no. 3 (February 2009): 481 - 490. doi: 10.1016/j.neuron.2008.12.031.

de Lavilléon, Gaetan, Marie Masako Lacroix, Laure Rondi-Reig, and Karim Benchenane. "Explicit Memory Creation During Sleep Demonstrates a Causal Role of Place Cells in Navigation," *Nature Neuroscience* 18 (March 2015): 493 - 495. doi: 10.1038/nn.3970.

Eley, Thalia C., Tom A. McAdams, Fruhling V. Rijsdijk, Paul Lichtenstein, Jurgita Narusyte, David Reiss, Erica L. Spotts, Jody M. Ganiban and Jenae M. Neiderhiser. "The Intergenerational Transmission of Anxiety: A Children-of-Twins Study." *The American Journal of Psychiatry* 172, no. 7 (April 2015): 630 - 637. doi: 10.1176/appi.ajp.2015.14070818.

Freud, Sigmund. "Mourning and Melancholia." In *The Standard Edition of the Complete Psychology Works of Sigmund Freud, Vol. 14*, translated and edited by James Strachey, 243 - 258. London: The Hogarth Press, 1917.

Fromm, Erich. *The Art of Loving*. New York: Harper & Row, 1956.

Gallese, Vitorrio, Morris N. Eagle, and Paolo Migone. "Intentional Attunement: Mirror Neurons and the Neural Underpinnings of Interpersonal Relations." *Journal of the American Psychoanalytic Association* 55, no. 1(2007): 131 - 176.

Goleman, Daniel and Richard Boyatzis. "Social Intelligence and the Biology of Leadership." *Harvard Business Review* 86, no. 9(2008): 74 - 81.

Goulston, Mark. *Just Listen: Discover the Secret to Getting Through to Absolutely Anyone*. New York: AMACOM, 2009.

Graeber, David. *Debt: The First 5,000 Years*. New York: Melville House, 2012.

Hofmann, Stefan, and Mark Reinecke, eds. *Cognitive Behavioral Therapy with Adults: A Guide to Empirically-Informed Assessment and Intervention*. Cambridge: Cambridge University Press, 2010.

Inagaki, Tristen K., Keeley A. Muscatell, Mona Moieni, Janine M. Dutcher, Ivana

Jevtic, Michael R. Irwin and Naomi I. Eisenberger. "Yearning for connection? Loneliness is associated with increased ventral striatum activity to close others." *Social Cognitive and Affective Neuroscience* (June 2015): 1-24. doi: 10.1093/scan/nsv076.

Klimecki, Olga M., Susanne Leilberg, Claus Lamm, and Tania Singer. "Functional Neural Plasticity and Associated Changes in Positive Affect After Compassion Training." *Cerebral Cortex* 23, no. 7(2013): 1552-1561.

Klimecki, Olga M., Susanne Leiberg, Matthieu Richard and Tania Singer. "Differential pattern of functional brain plasticity after compassion and empathy training." *Social Cognitive and Affective Neuroscience* 9 (May 2014): 873-879.

Lerner, Melvin J. *The Belief in a Just World: A Fundamental Delusion*. Springer: New York, 1980.

Lerner, Melvin J. and Carolyn H. Simmons. "Observer's Reaction to the 'Innocent Victim': Compassion or Rejection?" *Journal of Personality and Social Psychology* 4, no. 2(1966): 203-210.

Mascaro, Jennifer S., James K. Rilling, Lobsang Tenzin Negi and Charles L. Raison. "Compassion Meditation Enhances Empathic Accuracy and Related Neural Activity." *Social Cognitive and Affective Neuroscience* 8(2013): 48-55.

Redl, Fritz. "Psychoanalysis and Group Therapy: A Developmental Point of View," *American Journal of Orthopsychiatry* 33(January 1963): 135-147. doi: 10.1111/j.1939-0025.1963.tb00368.x.

Schore, Judith R. and Allan N. Schore. "Modern Attachment Theory: The Central Role of Affect Regulation in Development and Treatment." *Clinical Social Work Journal* 36, no. 1(2008) 9-20.

Schwartz, Carolyn, Janice Bell Meisenhelder, Yunsheng Ma, and George Reed. "Altruistic Social Interest Behaviors Are Associated With Better Mental Health." *Psychosomatic Medicine* 65,(2003) 778-785.

Searles, Harold. "The Patient as Therapist to His Analyst." In *Tactics and Techniques in Psychoanalytic Therapy: Volume II Countertransference*, edited by Peter L. Giovacchini, 95-151. New York: Aronson, 1975.

Sette, Giovanna, Gabrielle Coppola and Rosalinda Cassibba. "The Transmission of Attachment Across Generations: The State of Art and New Theoretical Perspectives." *Scandinavian Journal of Psychology* 56, no. 3(2015): 315-326.

Singer, Tania and Matthias Bolz, eds. *Compassion: Bridging Practice and Science*. Munich: Max Planck Society, 2013.

Southwick, Steven M. and Dennis S. Charney. *Resilience: The Science of Mastering Life's Greatest Challenges*. Cambridge: Cambridge University Press, 2012.

Sullivan, Harry Stack. *The Interpersonal Theory of Psychiatry*. New York: W. W. Norton, 1953.

Tronick, Edward Z. "Emotions and Emotional Communication in Infants." *American Psychologist* 44, no. 2(1989)112 - 119.

Whitman, Walt. "Song of Myself," *Leaves of Grass*. Philadelphia: David McKay, 1891 - 1892.

Winnicott, Donald W. *The Maturational Process and the Facilitating Environment*. New York: International Universities Press, 1965.

Žižek, Slavoj. *The Parallax View*. Cambridge: The MIT Press, 2006.

## 作者简介

小马克·B·博格(Mark B. Borg, Jr.)博士,自1998年起在纽约市执业,是一名注册心理学家和精神分析师,也是威廉·艾伦森·怀特研究所(William Alanson White Institute)的心理治疗督导师。他也是一位社区心理学家,是社区咨询小组的合作创始人。他就读于加州专业心理学研究生院,获得临床和社区心理学双学位课程的硕士和博士学位。1992年后,他在洛杉矶中南部工作了三年,之后从洛杉矶搬到了纽约,为社区危机干预发展理论和实施策略。这个项目得到了美国国会的赞扬,并促使博格博士与其他成员共同创立了社区咨询小组,该小组专门培训社区利益相关者和其他参与者如何使用精神分析技术来重建和振兴社区。同时,他还在加州奥兰治县的艾滋病服务基金会(AIDS Services Foundation)进行个人和团体心理治疗。博格博士撰写了大量关于将社区干预、组织咨询和精神分析理论应用到社区危机干预的文章,发表于各种刊物和论文集。

格兰特·H·布伦纳(Grant Hilary Brenner)博士,是纽约市的一名精神病学家,也是心理健康、人际关系、自我护理和健康方面的专家,哥伦比亚广播公司(CBS)、美国国家公共广播电台(NPR)曾报道过。近20年他为来访者和客户进行了咨询、工作坊、演讲、治疗和辅导,其中既包括寻求克服情感障碍的个人,也有寻求最佳工作业绩的高管。布伦纳博士具有务实和现实的乐观态度:人们有能力茁壮成长,也有尚未开发的力量和复原力。他的"今日心理学"网站上"实验观察"的博客广受欢迎,他是《关系理智:建立和维持健康的关系》一书的合著者,他是《创建精神和心理弹性——综合护理在救灾工作中的使用》的作者和编辑,他作为灾难精神病学拓展的董事会副主席参与了非营利性工作，他也是组织促进会精神病学世界委员会的联合主席。他是西奈山贝斯以色列医院(Mount Sinai Beth Israel)的临床精神病学副教授，也是威廉·艾伦森·怀特研究所(William Alanson White Institute)创伤服务部主任。2004年，他因9月11日之后在纽约市开展的灾难心理卫生工作而获得总统服务和公民参与理事会颁发的总统志愿服务奖(PVSA)，他还因努力向更广泛和更多样化的受众介绍心理健康意识而获得伊万·戈德堡杰出服务奖。如需更多信息，请访问GrantHBrennerMD.com

丹尼尔·贝里(Daniel Berry)，注册护士，医学硕士(MHA)，自1987年以来一直在纽约市从事注册护士的工作。他在住院部、家庭护理和社区环境中工作，他的工作让他进入了曼哈顿和南布朗克斯区一些最优越的家庭，以及一些最边缘化的公共住房项目。他目前是一家公共机构风险管理护理部助理主任，服务于街头暴力、成瘾和创伤的无家可归与无证受害者。2015年，他被邀请到阿富汗一个联合国认证的非政府组织担任护士顾问，促进社区发展，处理妇女和儿童健康问题。

## 译校者简介

**张磊** 博士、副教授，毕业于华东师范大学临床心理学专业。先后接受中美精神分析联盟(CAPA)长程心理动力学、家庭治疗、心理剧、EFT、TA等流派的培训。作为高校教师、咨询师、督导师长期从事心理咨询的教学与实践。她是国际EFT认证咨询师，上海市学校心理咨询协会高级学校心理咨询师、认证督导师，上海市学校心理咨询师考评员，国家二级心理咨询师考评员。

**赵蓉** 毕业于云南大学外语学院英语语言文学专业，硕士。现任云南大学外语学院副教授，从事大学英语教学和研究工作多年，研究方向为英语教学、英美文学、跨文化和翻译。与人合著有《中西传统节庆文化概述》、《解读古希腊》；合编《英语电影视听说》教程；合译《昭通旅游导游词》等。

**图书在版编目(CIP)数据**

假性亲密：貌合神离的关系，何以得救？/(美)博格等著；张磊译.—上海：华东师范大学出版社，2020
ISBN 978-7-5675-9191-2

Ⅰ.①假… Ⅱ.①博…②张… Ⅲ.①爱情—通俗读物②家庭—通俗读物 Ⅳ.①C913.1-49

中国版本图书馆CIP数据核字(2020)第045392号

**假性亲密**
貌合神离的关系，何以得救？

著　　者　[美]小马克·B·博格　格兰特·H·布伦纳　丹尼尔·贝里
译　　者　张　磊
审　　校　赵　蓉
策划编辑　彭呈军
特约编辑　单敏月
责任校对　王丽平
装帧设计　卢晓红

出版发行　华东师范大学出版社
社　　址　上海市中山北路3663号　邮编200062
网　　址　www.ecnupress.com.cn
电　　话　021-60821666　行政传真021-62572105
客服电话　021-62865537　门市(邮购)电话021-62869887
地　　址　上海市中山北路3663号华东师范大学校内先锋路口
网　　店　http://hdsdcbs.tmall.com

印 刷 者　上海锦佳印刷有限公司
开　　本　787×1092　16开
印　　张　13
字　　数　179千字
版　　次　2020年6月第1版
印　　次　2020年6月第1次
书　　号　ISBN 978-7-5675-9191-2
定　　价　42.00元

出 版 人　王　焰

(如发现本版图书有印订质量问题，请寄回本社客服中心调换或电话021-62865537联系)